200 recetas rápidas y fáciles para eliminar el trigo, bajar de peso y mejorar tu salud

ADICTO AL PAN

RECETAS EN MENOS DE 30 MINUTOS

DR. WILLIAM DAVIS

Adicto al pan

Título original: *Wheat Belly. 30-Minute (Or Less!) Cookbook*
Publicado por acuerdo con Rodale, Inc.

Primera edición: mayo de 2015

D. R. © 2013, William Davis, M.D.

D. R. © 2015, de la presente edición en castellano para todo el mundo:
Penguin Random House Grupo Editorial, S. A. de C. V.
Blvd. Miguel de Cervantes Saavedra 301, piso 1,
col. Granada, del. Miguel Hidalgo,
C. P. 11520, México, D. F.

www.megustaleer.com.mx

Traducción: Elena Preciado Gutiérrez
Diseño de cubierta: Amy C. King
Fotografías: Linda Pugliese
Fotografía de autor: Dawn Davis
Montaje de esta edición: Grafika LLC

Este libro fue concebido exclusivamente como un texto de consulta, no como un manual médico. La información que aquí se proporciona está diseñada para ayudarte a tomar decisiones de salud informadas. No pretende ser un reemplazo de ningún tratamiento que te haya recetado el médico. Si sospechas que tienes un problema de salud, te sugerimos que busques ayuda médica competente.
La mención en este libro de compañías, organizaciones o autoridades específicas no implica responsabilidad por parte del autor o la editorial, así como tampoco implica que apoyen el libro, a su autor o a la editorial.
Las direcciones de internet y los números de teléfono que se proporcionan en el libro eran vigentes al momento de enviarlo a la imprenta.

Comentarios sobre la edición y el contenido de este libro a:
megustaleer@penguinrandomhouse.com

ISBN 978-607-113-745-6

Impreso en México / *Printed in Mexico*

Dedicado a todos
los seguidores de
Adicto al pan que pidieron
algo ¡rápido y fácil!

ÍNDICE

INTRODUCCIÓN

El estilo de vida sin trigo en menos de 30 minutos

¿QUÉ PUEDES HACER EN MEDIA HORA? En el mundo actual, electrónicamente conectado, puedes publicar unos comentarios en Facebook o postear unos tweets. También hacer un poco de ejercicio en la caminadora, aspirar un par de habitaciones, leer un capítulo de tu novela. Otra opción sería prender algunas velas oscurecer el ambiente, tomar a tu pareja y… ¡está bien, suficientes ideas!

O puedes hacer cosas que te ayuden a ti y a tu familia a dar un gran salto para mejorar su salud y preparar una comida que te libere de los efectos perjudiciales para la salud del trigo moderno: estimulación del apetito y acumulación de grasa visceral entre otros. Disfruta rápidas y deliciosas comidas que… ¡les encantarán a todos!

A partir de la publicación de *Adicto al pan*, seguido por *Recetario Adicto al pan*, se disparó un movimiento internacional. En la actualidad es una revolución dietética seguida por miles de personas entusiasmadas por recuperar el control de su apetito, peso y salud. No podemos darle todo el crédito a mi carisma, buen humor o belleza física: es el *poder del mensaje* y las maravillosas historias de éxito que fluyen día a día, mes a mes, lo que ha catapultado este mensaje a ser foco de atención.

Hemos sido testigos de lo que pasa con la gente que tiene el valor de dar el salto y hacer lo *contrario* a lo que nos sugieren los comerciales tradicionales: la salud y el peso se *transforman*. Una larga lista de enfermedades disminuye o desaparece. Mucha gente experimenta mejoras en el reflujo gastroesofágico, en la urgencia intestinal, en el dolor de articulaciones y en la "niebla" mental. Muchos diabéticos se volvieron *no*-diabéticos. La gente que sufre años con el dolor y la deformidad de las enfermedades inflamatorias y autoinmunes experimenta de forma marcada una reducción de los síntomas o incluso la cura total. La depresión se aleja para muchos, mientras que en otros la ansiedad y la paranoia desaparecen. Los trastornos alimenticios como la bulimia y comer compulsivamente pueden disiparse en días. Y, por supuesto, kilos de grasa visceral en el abdomen, la maldita "panza de trigo", disminuyen lo suficiente para desempolvar los "jeans ceñidos" que guardaste hasta el fondo del clóset, usar el vestido de hace 20 años o ponerte esos pantalones más pequeños varias tallas... y sentirte cómodo.

Decidimos librarnos de todo lo que tiene trigo. También rechazamos los alimentos procesados sin gluten, hechos con carbohidratos basura (almidones o harinas de maíz, arroz, papa o tapioca). Así como la comida procesada, la cual, casi *toda* contiene trigo.

Podríamos recordar y aprender muchas lecciones dietéticas importantes con sólo retomar los hábitos de nuestros abuelos o tatarabuelos; el problema es que la mayoría de nosotros no quiere o no puede pasar 2, 3, 4 o más horas preparando una comida completa, cosa que era común en aquellos tiempos. Es por eso que ahora sostienes en tus manos un esfuerzo por librarte del trigo, en 30 minutos o menos.

También escucho que consume mucho tiempo o que es muy inconveniente o que implica un montón de ingredientes difíciles de encontrar.

Es obvio que se necesita un periodo de ajuste. Después de todo, nosotros, criaturas de principios del siglo XXI permitimos, a propósito y no, que el trigo moderno abarque el 20 por ciento de todas las calorías que consumimos. En algunos puede llegar al 50 por ciento, dada la comodidad, portabilidad, omnipresencia y *propiedades adictivas* de esta creación de la investigación genética llamada "trigo". Sacarlo de tu dieta y de la de tu familia significa una repentina ruptura de hábitos de toda la vida. Significa que ya no vas a depender de la comida congelada o pedir pizza. Significa que tendrás que pensar y planear el desayuno, almuerzo y cena (al menos al principio) hasta que se establezcan los nuevos hábitos. Deberás contar con los ingredientes correctos en tu despensa y refrigerador, esto incluso te llevará a buscar y localizar nuevos lugares para hacer las compras. Todo esto requiere una inversión de tiempo y esfuerzo.

Pero tampoco quieres dedicar todo tu tiempo a hacer esta transformación.

Ésa fue la motivación para escribir *Adicto al pan. Recetas en menos de 30 minutos*. Se trata de una colección de herramientas e ideas para ayudarte a reducir el tiempo necesario para navegar por este nuevo estilo de vida iluminado. A pesar de que ya no podrás meter al microondas una cena congelada y tenerla lista en 3 minutos o disfrutar de la facilidad de una *pop-tart*, adoptarás muchos métodos para reducir el tiempo necesirio para acoger esta efectiva forma de vida.

Para ajustarme a los 30 minutos, utilicé muchas estrategias fáciles, de sentido común, que ahorran tiempo. Por ejemplo, tener una reserva a la mano, preparada con anticipación, de una mezcla multiusos para hornear (página 19), la cual se guarda en el refrigerador para usarla en el transcurso de la semana. Es una combinación maravillosa de ingredientes buenos para la salud (sin trigo, ni carbohidratos basura) que puedes usar para hacer muffins, panecillos o focaccia sin levadura. Los productos sin trigo apenas empiezan a ser una realidad comercial, pero no están disponibles para la mayoría de la gente. Encontrarás una gran variedad de salsas, aderezos y dips que transformarán tus platillos. Por ejemplo, con sólo un toque de salsa saludable creada a partir de ingredientes nutritivos, convertirás un simple filete de salmón en un delicioso y exótico platillo. También hay diversos sazonadores sin trigo y de rellenos inservibles como la harina de trigo, almidón de maíz o maltodextrina que te permitirán improvisar deliciosos, aromáticos y bien condimentados platillos con un mínimo de esfuerzo y restando varios minutos al tiempo de preparación.

La verdad, me desvié de los 30 minutos restringidos con algunos menús atrevidos y temáticos que juntan varias recetas para ocasiones especiales, tales como la Noche de copas, la Cena romántica y Jamboree al estilo Nueva Orleans.

El objetivo: lograr que tú y tu familia disfruten de toda la variedad, sabor y beneficios resultantes de no comer trigo, sin tener que sacrificar la comodidad del estilo de vida moderno.

A algunas personas les preocupa que su nueva dieta sea más cara porque perderán las ventajas del costo subsidiado del trigo moderno. Pero recuerden: nosotros, gente sin trigo, consumimos 400 calorías menos por persona al día, esto significa menos comida preparada o comprada, lo que conlleva una considerable ventaja. Una familia de cuatro puede consumir algo así como 1600 calorías menos diarias, similares al consumo de una persona. Mucha gente que sigue el estilo de vida sin trigo y tiene el hábito de mantener un presupuesto económico en el supermercado, reporta que en general los costos de comida son *iguales* o un poco *más bajos* cuando no consumes trigo.

Si ya eres un antiguo seguidor del estilo de vida sin trigo, este nuevo libro de recetas hechas en menos de 30 minutos te dará algunas posibilidades nuevas y fáciles para preparar la comida diaria, así como ideas únicas para ocasiones especiales. Si crees que la vida sin trigo y otros alimentos no saludables tiene que ser aburrida y sin sabor, bueno, te encontrarás con algunas sorpresas interesantes, condimentadas y deliciosas que... ¡aparecerán en tu camino! Descubrirás comidas étnicas recreadas, incluyendo platillos marroquís, indios, chinos, mexicanos e italianos, así como comida americana tradicional recreada con un estilo de vida sin trigo. Pizza, sopa, sándwich, muffin, tarta de queso, carne asada... Son muy pocos los platillos que no se pueden preparar sin ingredientes dañinos en 30 minutos (¡o menos!). Asegúrate de leer con cuidado la sección de Postres y botanas, ¡encontrarás algunas sorpresas deliciosas!

Para quienes son nuevos en este estilo de vida, las recetas y comidas incluidas aquí te proporcionarán un comienzo sabroso y con confianza, sin agobiarte con su complejidad o desilusionarte con su sabor. Sí, significa perder algunos ingredientes antiguos y ganar otros diferentes (más unas clases nuevas para aprender a hornear, espesar y escoger ingredientes). Pero la recompensa por tu esfuerzo será una salud revitalizada, menos enfermedades y varios centímetros menos de cintura, sin el constante llamado del apetito.

Muy bien, vamos a empezar. En el primer capítulo, explicaré cómo usaremos varias ventajas del estilo de vida sin trigo para reducir el tiempo de preparación hasta los 30 minutos ¡o menos!

ORGANIZAR UNA COCINA SIN TRIGO

LO PRIMERO QUE DEBES HACER al empezar esta nueva aventura es limpiar tus estantes de todo el trigo y de todos los productos que lo contengan. Esto es necesario para reducir la tentación de comer los pretzels cubiertos de chocolate que guardaste y otros dulces que pueden (incluso con el más pequeño bocado) destruir *todo* lo logrado. También minimiza el riesgo potencial de futuras reexposiciones a los ingredientes que generan desde peligros gastrointestinales (hinchazón, calambres, diarrea) hasta dolor de articulaciones, asma e incluso problemas emocionales.

Después irás de compras para remplazar los ingredientes normales por unos sin trigo. Tu nueva vida necesitará, por ejemplo, harinas nuevas y diferentes que te permitirán hacer sándwiches, galletas y otros productos de panadería y confitería usando ingredientes saludables sin trigo. Y para ser más eficientes, especialmente para preparar platillos en 30 minutos, necesitarás algunas nuevas herramientas de cocina. En términos generales, sólo se requieren algunos ajustes en tu vida anterior llena de trigo, para transformar tu cocina en un lugar que produzca platillos maravillosos, saludables, deliciosos, rápidos y sin trigo.

Este libro sirve como guía para todos los que quieren eliminar de sus vidas el trigo y el gluten. La eliminación del trigo no es sólo para los que padecen enfermedad celíaca o los sensibles al gluten; es para *todos*. De hecho, las sugerencias y recetas son apropiadas para los enfermos celíacos y alérgicos al gluten, pero tendrán que hacer esfuerzos adicionales para lograr la meticulosa anulación del gluten buscando las etiquetas "sin gluten" para evitar el riesgo de contaminación cruzada, es decir, que unos ingredientes contaminen otros alimentos.

Pero, antes de decirte qué necesitas para llevar esta nueva vida sin trigo, primero debes…

¡Limpiar tu cocina!

Recuerda: los productos con trigo contienen gliadina. Cuando pasa por el tracto gastrointestinal, esta proteína se degrada en péptidos opioides, llamados exorfinas, que actúan sobre los receptores opioides del cerebro. No causan euforia ni alivian el dolor, sino que desencadenan el apetito. Al quitar el trigo, te liberas de los implacables efectos estimuladores del apetito, de los frecuentes e intrusivos pensamientos de comida y del incremento innecesario en la ingesta de calorías. Todo esto da como resultado un mayor control de tu impulso, peso y salud.

Empieza por limpiar tu despensa de todas las fuentes obvias de trigo, como pan, muffins, bagels, pitas, panecillos, galletas, barritas energéticas y pasteles. No olvides el paquete de harina de trigo: *nunca* lo volverás a necesitar.

Después de quitar los recursos evidentes de este cereal, elimina los que no son tan obvios. Revisa las etiquetas de *toda* la comida procesada para ver si en las listas de ingredientes encuentras cualquier presentación del trigo. Lee "El trigo… ¡y sus otros nombres!" en la página 14 para conocer la lista de las fuentes ocultas del trigo. Sí, lo sé, ¡es muy larga!

La comida procesada que casi siempre contiene trigo es:

- Migas de pan, pan rallado, panko
- Cajas de cereales
- Sopas de lata
- Galletas
- Galletas saladas

- Sopas instantáneas
- Mezcla de macarrones con queso
- Harina para hot cakes
- Pastas
- Sopas en polvo

- Comidas congeladas

- Waffles y hot cakes congelados

- Barritas de granola

- Helado y yogur (con masa de galleta o *cookies and cream*)

- Sazonadores

- Salsa de soya o teriyaki

- Pretzels

- Aderezos (líquidos y en polvo)

- Mezclas para salsas

- Salchichas y carnes procesadas

- *Twizzlers* y otros dulces

¡Deshazte de todo! Recuerda: la gliadina del trigo es una proteína muy adictiva y te atrapa fácilmente. ¡No te dejes!

Renueva tu despensa con alimentos saludables y sin trigo

Cuando termines con toda la comida que contiene trigo en tu cocina, será el momento de volver a llenar tus alacenas con sustitutos saludables. He aquí algunas reglas básicas y generales que debes seguir.

- Lee las etiquetas. Busca "trigo", "harina de trigo", "gluten", "gluten de trigo vital", "almidón modificado", "colorante caramelo" o cualquier otra de las docenas de palabras con las que los fabricantes ocultan el trigo de forma sigilosa. Revisa "El trigo… ¡y sus otros nombres!" en la página 14 si no estás muy seguro de algún producto. La gente con enfermedad celíaca e intolerancia al gluten en definitiva debe hacer esto, pero también es bueno para todos minimizar la exposición dañina y especialmente evitar los efectos gastrointestinales y estimuladores de apetito del trigo.

- Compra los *ingredientes naturales a granel* que se encuentran en carnicerías, mercados al aire libre y en los pasillos de frutas y verduras del supermercado. Estos productos no requieren etiquetas, por ejemplo: tomates, aguacates, portobellos, huevos o salmón.

- Evita las comidas procesadas con muchos ingredientes. Una vinagreta o aderezo hecho en casa, con tus manos y que sólo lleve aceite de oliva, vinagre y hierbas es mucho más seguro que uno fabricado y mezclado previamente con 15 ingredientes.

- Abandona el hábito del cereal por las mañanas. No existe un cereal saludable de desayuno (al menos no todavía). Son fuentes inmensas de trigo y eso sin mencionar todos los demás ingredientes de relleno que les ponen, por ejemplo maíz, azúcar, sirope de maíz alto en fructosa y aditivos.

- Nunca compres comida preparada o procesada a menos que veas la lista de ingredientes. Por ejemplo, los embutidos de la sección de charcutería del súper, con frecuencia son fuentes inesperadas de trigo. Pide ver la etiqueta. Si no puedes, no lo compres.

- No te molestes en visitar el pasillo de los panes o la panadería. ¡Allí no hay *nada* que necesites!

- Evita la comida preparada hecha con carne picada como albóndigas y pastel de carne ya que casi siempre contienen migas de pan.

- Ignora todos los anuncios de "saludable", "bajo en grasa", "bajo en colesterol", "parte de una dieta balanceada", etc. Estas afirmaciones están ahí por una razón: persuadir a los compradores de que la comida dañina tal vez tenga algún beneficio para la salud. Casi siempre es falso. De hecho, la mayoría de la comida "saludable para el corazón" *provoca* ¡enfermedades del corazón!

- Conoce tiendas de abarrotes, mercados, tiendas de comida saludable, naturistas y cualquier otra tienda de alimentos por tu casa. Para preparar platillos sin trigo, necesitas algunos ingredientes que no se venden en las tiendas convencionales. Los precios varían mucho, así que te ayudará observar y probar para no comprar tus ingredientes diarios a precios caros.

La mayoría de quienes evitamos el trigo, pero no somos intolerantes al gluten, sólo necesitamos buscar comidas e ingredientes que no mencionen al trigo o sus derivados dentro de sus componentes, mientras que alguien con enfermedad celíaca o sensibilidad extrema al gluten se tiene que fijar muy bien en las etiquetas y sólo comprar los productos que dicen de forma explícita "sin gluten". Por ejemplo, con las chispas de chocolate, la gente que es muy sensible al gluten necesitará comprar marcas designadas como "sin gluten", lo que significa que no contienen trigo, ni gluten, ni el riesgo de presentar contaminaciones cruzadas de otros alimentos o lugares. Los que evitamos el trigo, pero no tenemos enfermedad celíaca o alergia al gluten, podemos usar marcas que no tengan la etiqueta de "sin gluten", pero que entre sus ingredientes no conste ningún equivalente de trigo o gluten.

Harinas alternativas

Cuando quitamos el trigo, eliminamos la base principal para crear panes y otras comidas horneadas. Por eso necesitamos harinas o féculas alternativas para recrear productos de panadería y repostería, pero debemos seleccionarlas muy bien para evitar agregar otros ingredientes problemáticos. Recuerda que también evitamos las típicas harinas de sustitución usadas en el mundo sin gluten, es decir: fécula o harina de arroz, fécula de maíz, de papa y de tapioca, debido a su capacidad de disparar el azúcar en la sangre a niveles insospechados.

Las harinas que escojamos deben ser:

• Sin trigo

• Sin gluten si padecemos enfermedad celíaca o intolerancia al gluten

• Sin los ingredientes de relleno convencionales que usan los alérgicos al gluten, es decir: fécula o harina de arroz, fécula de maíz, de papa y de tapioca.

• Bajas en carbohidratos, si no tendremos niveles altos de azúcar en la sangre y otros fenómenos indeseados. La fécula seca y pulverizada de las harinas puede ser especialmente destructiva porque su fina consistencia incrementa el área de superficie para la digestión de forma exponencial, lo que ocasiona un repentino ataque de azúcar en la sangre. Así que necesitamos limitar de forma estricta nuestra exposición a los carbohidratos en polvo. Grasas, proteínas y fibras buenas ¡son lo mejor!

- Otra cosa saludable; para no remplazar un problema (el trigo) con otro problema

  Nuestras opciones de harinas incluyen:

Harina de almendra	Harina de nuez pecana
Harina de chía	Semillas molidas de psyllium
Harina de coco	Harina de semillas de calabaza
Harina de garbanzo	Harina de semillas de sésamo
Semillas molidas de lino dorado	Harina de semillas de girasol
Harina de avellana	Harina de nuez

Nota: En inglés existen dos palabras para referirse a la harina. *Meal* se refiere al producto que resulta de moler los granos o semillas *enteras*, incluyendo la cáscara; en cambio *flour* hace referencia al polvo que resulta de molerlos sin cáscara, lo que nos da una textura más suave y por ende un resultado más fino al hornear.

En español, no hacemos la diferencia tan marcada. Aunque podemos utilizar harina integral para *meal* y harina blanca para *flour*.

Las siguientes harinas sin trigo están excluidas:

Centeno, cebada, avena, triticale y bulgur. Hay que evitarlas porque el gluten produce una reacción cruzada en el sistema inmune.

Amaranto, teff, mijo, castaña, alforfón y quinoa. Están fuera de la lista porque tienen demasiados carbohidratos (excepto cuando no sean tan importantes, como en los snacks o en los postres para niños).

Fécula o harina de arroz, fécula de maíz, de papa y de tapioca. Como ya lo mencionamos antes, también quedan fuera las típicas harinas sin gluten.

Las harinas se deben guardar dentro de recipientes herméticos en el refrigerador o congelador para detener la oxidación. Otra alternativa es comprar los granos y semillas enteros y molerlos a medida que se necesiten. Un procesador de alimentos, un picador de buena calidad (mi pequeña KitchenAid ¡vale su peso en oro!) o un molinillo de café eléctrico tardan entre 30 y 60 segundos en transformar los ingredientes en harina. Muele sólo hasta llegar a la consistencia del polvo, si sigues moliendo tendrás mantequilla.

Combina harinas para modificar las texturas de lo que cocines. Por ejemplo, en la Mezcla multiusos para hornear (página 19), la base es harina de almendras, pero al añadirle coco, semillas molidas de lino y de psyllium, la combinación funcionó mejor con la mayoría de las recetas, que la harina de almendra sola.

Cualquier persona alérgica a la harina de nuez encontrará varias opciones para remplazarla, por ejemplo, harina de coco o de semillas. Sólo recuerda que, si en una receta sustituyes, digamos, harina de coco y sésamo por harina de almendras, tendrás que hacer algunos ajustes en la cantidad de líquidos y el tiempo de cocción.

Aceites buenos

Nos oponemos al mensaje o la creencia del "grano entero saludable", pero también nos oponemos a limitar las grasas totales, grasas saturadas y colesterol. De hecho *agregamos* grasas y aceites a nuestras comidas por sus beneficios para la salud. Los aceites que antiguamente pensábamos eran dañinos, como el de coco debido a su alto contenido de grasas saturadas, ahora están de regreso en este estilo de vida saludable y sin trigo. Entre los mejores aceites a escoger están:

- Aceite de aguacate
- Aceite de coco
- Aceite de nuez
- Aceite de oliva extralight[1]
- Aceite de semillas de lino
- Mantequilla clarificada orgánica
- Aceite de oliva virgen extra

Además no le quitamos la grasa a la carne de res, aves, cerdo o pescado y no desgrasamos la sopa o el caldo. La manteca de cerdo es muy consistente con nuestro estilo de vida, el problema es que es difícil encontrarla no hidrogenada.

(continúa en la página 10)

---

[1] El aceite de oliva extralight es aceite de oliva refinado. Esto quiere decir que el sabor y la composición están controladas químicamente y no tiene menos calorías que el aceite de oliva común. (N. del T.)

Recordatorios importantes para los sensibles al gluten

Las personas con enfermedad celíaca, deterioro neurológico, dermatitis erpetiforme o sensibilidad al gluten, deben ser meticulosos al evitar trigo, gluten y fuentes de gluten sin trigo como la cebada, el centeno, el triticale, el bulgur y la avena. (No todas las personas sensibles al gluten tienen reacciones a la proteína avenina en la avena, pero la harina y el salvado de avena de todos modos pueden disparar el azúcar en la sangre. Así es que diles adiós y estarás mejor. También evitarás los típicos problemas de la contaminación cruzada de la avena, que por lo general se preparan en instalaciones que manejan productos de trigo). Necesitas evitar el gluten de forma rigurosa no sólo para impedir cosas como violentas reacciones intestinales, sino también para detener el alto riesgo de diversos tipos de cáncer gastrointestinal y deterioro neurológico progresivo que aparecen incluso con exposiciones ocasionales.

Así que, a diferencia de la mayoría de nosotros, personas no sensibles al gluten que "sólo" experimentamos un poco de diarrea, "niebla" mental, fatiga o dolor por algunos días, los verdaderos intolerantes a esta sustancia pueden sentir terribles consecuencias de larga duración y deben hacer todo lo posible para evitar exposiciones a propósito o inadvertidas.

He aquí algunas estrategias importantes para evitar el trigo y el gluten.

- Hacer que *todos* en la casa abandonen el trigo y gluten les hará la vida más fácil. Esto reduce la comida tentadora y elimina los riesgos de contaminación. No olvides que tu perro, gato y otras mascotas también pueden consumir alimentos sin gluten y sin trigo; darles de comer es otra forma de exponerse al peligro.
- Si no es posible hacer que todos en tu hogar dejen de consumir estos ingredientes, entonces será necesaria una diplomática pero firme separación de comida, utensilios y superficies de cocina. Aunque las personas muy alérgicas al gluten no pueden tolerar este compromiso. Para mucha gente es necesario separar ollas, sartenes, cucharas para servir, incluso platos, vasos y cubiertos.
- Es muy útil enseñar a los demás que ser una persona sin gluten y sin trigo no es sólo una neurosis alimenticia. Se trata de cómo se maneja una *condición de enfermedad*, justo como alguien con cáncer que requiere quimioterapia. *Nunca* te sientas culpable por informar a otros de tus necesidades.
- En una familia donde se separen alimentos y cubiertos, es buena idea etiquetar la comida. Con esto sabrás, por ejemplo, qué recipiente de hummus de garbanzos se usó primero para poner pan de pita. Todo lo que se necesita es que alguien sumerja un cuchillo en un frasco de crema de cacahuate, después de untar una rebanada de pan para que, de repente, la crema de cacahuate que creías sin gluten esté contaminada y pueda ocasionar un desastre. Evita compartir comida como mantequilla, mantequilla de nuez, conservas, queso crema, dips y cualquier cosa para untar. Si otro cuchillo o comida los toca también pueden contaminarse.

- Comer fuera de casa es más difícil. Lo bueno es que muchos restaurantes de vanguardia en verdad entienden el concepto de contaminación cruzada de gluten, una tendencia que prolifera debido al gran incremento de personas interesadas en la comida sin gluten y sin trigo. Una comida en un restaurante donde no pusieron atención y cocinaron tu comida en una sartén que usaron para freír un filete de pescado empanizado es lo que hace falta para arruinarlo todo y volver a exponerte al trigo. Apréndete esta sencilla regla: si dudas, no lo hagas.
- Si decides darte la oportunidad en un restaurante, sé muy cuidadoso en evitar carnes empanizadas, alimentos fritos en aceite que pudo ser usado para freír migas de pan, (rebozados u otros alimentos que contengan trigo), salsas, aderezos de ensalada y muchos postres. Aunque las personas ultrasensibles al gluten no deberían correr estos riesgos.
- Revisa la etiqueta o consulta con el fabricante de cada prescripción médica o suplementos alimenticios que tomes y asegúrate de que no contengan gluten. Salvo algunas raras excepciones, evita los restaurantes de comida rápida. La ensalada y el aderezo no tienen gluten, pero sólo hace falta la contaminación cruzada de panes y galletas preparadas justo al lado o el uso de un equipo no tan limpio para ponerte en peligro. Este tipo de contaminación es el obstáculo contra el que han luchado muchos restaurantes, normales y de comida rápida y la razón por la que la mayoría no puede afirmar que cualquiera de sus platillos es sin gluten.
- Recuerda que la exposición al gluten se presenta por otros medios, aparte de la comida, incluidos medicamentos, suplementos nutricionales, lápiz labial, goma de mascar, champús, cremas y cosméticos. Por ejemplo, un champú que contiene trigo, puede ser la explicación de una erupción persistente. Si dudas, consulta al fabricante, pero no te sorprendas si la respuesta es el típico discurso corporativo o una declaración de ausencia de responsabilidad, ya que debido al riesgo de contaminación cruzada no garantiza que sus productos estén exentos de gluten.
- La contaminación cruzada puede ocurrir incluso en alimentos de un ingrediente. Sucede durante la preparación, el transporte o en el escaparate, como en los recipientes de alimentos a granel del supermercado, las barras de ensalada o de comida o partir carne con el cuchillo usado para partir un sándwich.

Toda la comida e ingredientes de tu cocina, desde el refrigerador hasta la despensa, deben estar exentos de gluten. Esto significa que no contienen fuentes de trigo o gluten como la cebada, centeno, triticale y avena, y que se preparan en instalaciones donde no manejan productos con trigo o gluten, así que no hay riesgo de contaminación cruzada. Estos productos tendrán una etiqueta grande que diga "sin gluten" en un lugar visible. Pero, por favor, por favor, por favor recuerda: muchos alimentos sin gluten sólo son carbohidratos basura disfrazados, así que sé selectivo.

Enfrentémoslo: vivimos en un mundo dominado por el trigo. Aunque no queramos, las exposiciones *ocurrirán*. Lo único que puedes hacer es poner todo de tu parte para que no sucedan.

Endulzantes: Lo que necesitas saber

Hay varios endulzantes que contienen muy pocos nutrientes (o ninguno), son benignos de manera relativa y compatibles con el programa de *Adicto al pan. Recetas en menos de 30 minutos*: stevia, eritritol, xilitol, luo han guo (fruta del monje) y sucralose. Estos endulzantes te permitirán recrear galletas, muffins y otros pastelillos sin los efectos nocivos del azúcar, ni las consecuencias dañinas de algunos endulzantes no-tan-benignos como el aspartame.

Los azúcares de alcohol, fuera del eritritol y xilitol (como manitol, sorbitol y maltitol) producen gases, calambres y diarrea, sin mencionar el aumento de azúcar en la sangre. No se recomiendan porque obviamente a nadie le gusta la idea de un postre con diarrea.

Combinar los endulzantes es una estrategia muy útil. Por ejemplo, si eres de los que sienten un sabor amargo después de probar la stevia, combínala con eritrol o luo han guo; esto hará que utilices menos stevia y el sabor desaparece.

Stevia

Búscala pura ya sea líquida o en polvo. También puede ser en polvo con inulina, pero evita la que tiene maltodextrina (se utiliza para incrementar el volumen de la stevia y coincida con el del azúcar, taza por taza).

Eritrol

Es uno de los endulzantes que tiene Truvía (con rebiana, un aislado de stevia) y Swerve (con inulina). Evita usar PureVia ya que contiene glucosa o maltodextrina.

Xilitol

Es el más parecido al azúcar de los endulzantes que elegimos. A diferencia de los otros, glasea bien y sirve para poner una cobertura streusel[2] (por ejemplo en repostería). Pero sólo utilízalo en cantidades limitadas porque aumenta un poquito el nivel de azúcar en la sangre. Los dueños de perros deben saber que el xilitol puede ser tóxico para sus mascotas.

---

[2] El streusel, de origen alemán, es una cubierta granulada que se usa para muffins, panqués y tartas. (N. del T.)

Luo han guo / Fruta del monje

La fruta del monje, un endulzante natural, se está convirtiendo en el favorito porque no deja el sabor amargo que algunas personas experimentan con la stevia. Al igual que ésta última, no incrementa la glucosa en el torrente sanguíneo, no causa caries en los dientes y no tiene los efectos negativos para la salud de los endulzantes convencionales. Es difícil de encontrar, pero se irá facilitando conforme la demanda aumente. Evita usar las marcas Monk Fruit in the Raw y Nectresse porque contienen glucosa o maltodextrina. Asegúrate de leer los empaques y busca los nuevos productos que salen a la venta. Compra los que contienen fruta del monje sola o mezclada con eritritol.

Sucralosa

Existe cierta incertidumbre sobre las consecuencias para la salud de la sucralosa (estudios con animales presentaron riesgos potenciales de alergias, reacciones peculiares y efectos dañinos en la flora intestinal). También es difícil obtener sucralosa pura, sin maltodextrina. (Splenda es la sucralosa con maltodextrina). Así que ésta es la última opción entre los endulzantes.

Lista de compras

Los alimentos de un solo un ingrediente se convertirán en el centro de tu dieta, por ejemplo: pimientos verdes, cebollas y diversas verduras, carne de res, cerdo, cordero, pescado, pollo y demás carnes. También necesitarás de otros para seguir un estilo de vida sin trigo. La siguiente lista incluye más o menos lo que se necesita para elaborar los platillos que contiene este recetario.

Harina de almendra

Leche de almendras sin azúcar

Polvo para hornear (sin aluminio)

Coliflor

Quesos

Semillas de chía, molidas o enteras

Chocolate (100% chocolate, 85% cacao o más)

Chispas de chocolate oscuro

Cacao en polvo sin azúcar

Coco, rallado y sin azúcar, hojuelas

Harina de coco

Leche de coco (enlatada para espesar; de cartón para beber)

Cremor tártaro

Huevos

Extractos naturales de almendra, coco, menta y vainilla

Semillas de lino dorado, de preferencia molidas

Harina de almendras, avellanas, nueces pecanas y nueces molidas

Mantequilla de frutos secos y semillas (de almendras, de cacahuate y de semillas de girasol)

Frutos secos (almendras crudas, nueces de Brasil, avellanas, pecanas, pistaches, nueces enteras, picadas o para hornear)

Aceites (aguacate, coco, de oliva extralight, de oliva virgen extra, de semillas de linaza, de nuez)

Semillas (de chía, de calabaza cruda, de girasol crudo y de sésamo)

Fideos Shirataki[3] (en la sección de refrigerados)

Calabaza cabello de ángel

Endulzantes (stevia líquida y en polvo ya sea pura o con inulina, no con maltodextrina, eritritol en polvo, Truvía, xilitol, luo han guo/fruta del monje)

Calabacita

---

[3] Fideos chinos sin calorías (N. del T.)

Ingredientes de remplazo en caso de sensibilidad a otros alimentos

Un número creciente de personas tiene sensibilidad a los alimentos, alergias y demás, lo que complica la elección de comidas. Mientras en algunos, si no es que en la mayoría, la intolerancia mejora o desaparece cuando eliminan el trigo de su dieta (parece que la falta de gliadina reduce la permeabilidad intestinal), otros necesitan evitar la fuente de su alergia.

He aquí una lista para identificar los ingredientes que pueden sustituir a otros.

Ingredientes de remplazo en caso de sensibilidad a otros alimentos

Si eres alérgico a:	Remplázalo con:
Almendras	Harina de semillas de chía, de calabaza, de sésamo o de girasol. Harina de garbanzo, de nuez o de nuez pecana.
Mantequilla	Aceite de aguacate, de coco, de oliva extralight o de nuez. Mantequilla clarificada orgánica (a menos que seas supersensible).
Huevo	Puré de manzana, semillas de chía, leche de coco (enlatada) yogur griego sin azúcar, semillas molidas de lino dorado, puré de calabaza o tofu (de soya No-OGM).
Leche	Leche de almendras, de coco (tetrapack), de cabra, de cáñamo o de soya No-OGM.
Nueces	Semillas de chía, de calabaza, de sésamo o de girasol.
Crema de cacahuate	Mantequilla de almendras, de avellana o de semillas de girasol.
Crema agria	Leche de coco (enlatada)

El trigo... ¡y sus otros nombres!

El trigo está incluido en un número sorprendente de alimentos procesados ¡porque estimula el apetito! Sí, los productores de la rica comida procesada te han atrapado desde hace muchos años. Así que, es muy importante identificar la enorme variedad de nombres utilizados para los productos que tienen trigo, a fin de evitar exposiciones accidentales o inadvertidas.

Hay algunas etiquetas que nos dicen de forma obvia que el producto contiene trigo, por ejemplo "harina de trigo", "harina blanca refinada" o "gluten de trigo vital". Son fáciles de identificar. Consulta la siguiente lista para vigilar las fuentes ocultas de trigo. Éstas incluyen:

Almidón de trigo hidrolizado	Espelta	Roux (espesante de salsas hecho con harina de trigo)
Almidón modificado	Farina	Rusk (bizcocho tostado)
Baguette	Farro	Salsa
Beignet	Focaccia	Salvado
Bollo	Fu (gluten en la comida asiática)	Salvado de trigo
Bulgur	Germen de trigo	Seitán (gluten casi puro, utilizado en lugar de carne)
Burrito	Gluten	Sémola
Cebada	Gnocchi	Soba (alforfón)
Centeno	Harina de Graham	Strudel
Colorante caramelo	Kamut	Tabulé
Crepa	Matzo	Tarta
Crutones	Orzo	Triticale
Cuscús	Panko (migas de pan que se usan en la comida japonesa)	Triticum
Durum	Proteína vegetal texturizada	Udon
Einkorn	Proteínas vegetales hidrolizadas	Wraps
Emmer	Ramen	

No tienes que aprenderte esta lista de memoria, sólo léela completa para que te ayude a reconocer la variedad de formas en que el trigo puede infiltrarse en tu comida. Consulta esta lista cuando te surja la duda.

Utensilios de cocina

Ninguno de los mencionados es indispensable para empezar tu nuevo estilo de vida, pero seguro te facilitarán el trabajo y ¡ahorrarás mucho tiempo! Yo te aconsejo que empieces con las recetas y luego agregues los aparatos conforme aumenten tus necesidades.

Por ejemplo, los cortadores de verduras en espiral hacen unos exquisitos sustitutos de fideos de calabacita (más consistentes y más rápido que con un cuchillo). Si a ti o a tu familia de verdad les encantan estos fideos, sería bueno invertir en un Spiralizer o Spirelli. También, debido a que todavía es difícil ver un helado de verdad saludable en los refrigeradores de los supermercados ofrezco una versión hecha en casa (página 222), en este caso, una máquina de helados eléctrica ahorraría mucho tiempo y esfuerzo.

Entre los aparatos más útiles tenemos:

Batidora de mano

Procesador de alimentos (si vas a comprar uno que sea económico y fácil de usar, la picadora de alimentos KitchenAid es mi favorito y cuesta alrededor de 500 pesos)

Máquina de helados

Moldes de papel (capacillos) para muffin y cupcakes (de papel o silicona)

Bandeja o molde para muffins

Cortador de verduras en espiral (Spiralizer o Spirelli)

Palillos de madera

Prensa manual para tortillas. Hacer un lote de tortillas para almacenar y usarlas después es mucho más fácil con este dispositivo de presión.

Máquina de waffles

Bandeja o molde para whoopies. Hacer estos dulces de dos piezas es mucho más fácil con un molde o bandeja. No importa si los harás en forma de platillo o de bollo, te saldrán perfectos.

Preparados, listos, ¡ya!

Si has llegado hasta aquí, entonces ya estás bien preparado para empezar tu aventura de cocina sin trigo ¡en menos de 30 minutos!

Ten en cuenta que, además de las recetas de platillos de los siguientes capítulos, en la última parte encontrarás una gran variedad de menús temáticos. Estoy seguro de que descubrirás lo rico, delicioso, satisfactorio y saludable que puede ser este nuevo estilo de vida ¡sin trigo!

HACER DEL ESTILO DE VIDA SIN TRIGO ALGO TAN FÁCIL COMO DECIR ¡1, 2, 3!

UNA VIDA SIN TRIGO CAMBIA TU SALUD y cómo te sientes de forma radical. Si quitas ese veneno, tu apetito, salud y peso se transformarán. Las ventajas que obtienes te mejoran de pies a cabeza, desde el cerebro hasta los intestinos, desde el apetito hasta el deseo sexual.

Sin embargo, hay una desventaja: perdemos la *conveniencia* de las comidas preparadas. Hemos decidido rechazar este tipo de comida tan común, este producto de manipulaciones genéticas, este ingrediente que está casi en todas las comidas procesadas de los estantes del supermercado. No podemos comprar pan de caja, ni bagels por docena, ni costras de tarta prefabricadas, ni harina para hot cakes, ni cenas congeladas para horno de microondas. Estas *conveniencias* suelen ser una parte importante de la dieta de mucha gente.

Perder la *conveniencia* de la comida procesada significa dedicar más tiempo y esfuerzo a preparar alimentos básicos, como panes y aderezos de ensalada desde cero. Para facilitar el proceso, he creado muchas mezclas para hornear, condimentos, salsas y aderezos. Una vez que te abastezcas de los requisitos primordiales, preparar una comida tomará un momento.

Mezclas para hornear

Aquí están las recetas básicas para preparar alimentos horneados. Es mejor cocinarlas con anticipación y guardarlas en el refrigerador para comerlas después. Por ejemplo, haz un lote de focaccia el fin de semana. Mantenlo en el refrigerador para usarlo en sándwiches durante la semana.

Para los preocupados por los carbohidratos

Todas las recetas de este libro se crearon para ser rápidas y sin trigo. También se diseñaron para ser saludables y mantener una baja ingesta de carbohidratos. La mayoría de las recetas tiene un contenido "neto" de carbohidratos menor a 15 gramos por porción. La idea de los carbohidratos netos es muy útil y fue concebida por el gurú actual del consumo moderado de carbohidratos, el doctor Robert Atkins. Se calculan con la resta de los carbohidratos totales menos la fibra ya que la fibra casi no tiene potencial glucémico:

$$\text{carbohidratos netos} = \text{carbohidratos totales} - \text{fibra}$$

Algunas recetas contienen más carbohidratos netos, sobre todo las que están diseñadas para niños, porque son menos susceptibles a los excesos de carbohidratos que los adultos. Sin embargo, *ninguna* tiene un contenido que sobrepase este límite de forma significativa.

Las recetas, además de no tener trigo, no tienen granos, incluyen poca o ninguna azúcar añadida, utilizan pocas fuentes de azúcar o carbohidratos (como la fruta) y minimizan el uso de legumbres con almidón.

HARINA MULTIUSOS PARA HORNEAR

TIEMPO DE PREPARACIÓN: 5 MINUTOS | TIEMPO TOTAL: 5 MINUTOS

Sirve para preparar 5 tazas

Esta mezcla es útil para crear una gran variedad de panes y otras recetas de alimentos horneados: hogazas de pan, pan plano, rollos, bollos, muffins y galletas. Si tienes a mano esta mezcla, ahorrarás tiempo en la preparación de muchos de los platillos de menos de 30 minutos.

4 **tazas de harina de almendra**	1 **taza de semillas molidas de lino dorado**
¼ **taza de harina de coco**	2 **cucharaditas de bicarbonato de sodio**
1 **cucharadita de semillas molidas de psyllium (opcional)**	

En un tazón grande, mezcla la harina de almendra, las semillas molidas de lino, la harina de coco, el bicarbonato de sodio y las semillas molidas de psyllium (si quieres). Guárdalo en un contenedor hermético, mejor dentro del refrigerador.

CADA PORCIÓN CONTIENE: 40 calorías, 2 g de proteínas, 2 g de carbohidratos, 3 g de grasa total, 0 g de grasa saturada, 1 g de fibra y 33 mg de sodio.

Estas restricciones son más importantes para los adultos (opuesto a los niños en crecimiento) que intentan facilitar la pérdida de peso, que pretenden corregir algunos patrones metabólicos anormales como azúcar o triglicéridos altos en la sangre o que sólo se interesen en aumentar la probabilidad de tener una buena salud.

En este libro de cocina, usamos los endulzantes más benignos: stevia, fruta del monje (luo han guo), eritritol y xilititol. Ninguna produce daño en los dientes, ni aumenta el azúcar en la sangre cuando se consume en las pequeñas cantidades empleadas en estas recetas. Como existen diferencias entre estos endulzantes, no especificamos ninguno de ellos, sólo se menciona, por ejemplo, "endulzante equivalente a ½ taza de azúcar". Esto permite que elijas tu favorito. También significa que la información nutrimental para el eritritol y el xilititol no está incluida en las recetas. A pesar de esto, debido al potencial glucémico mínimo o inexistente de estos alcoholes de azúcar, pueden considerarse con un índice glucémico nulo.

PAN DE SÁNDWICH

TIEMPO DE PREPARACIÓN: 5 MINUTOS | TIEMPO TOTAL: 45 MINUTOS

Sirve para preparar 1 hogaza (16 rebanadas)

El pan de sándwich es una de las pocas recetas que rebasa los 30 minutos, pero si se hace con anticipación, te permitirá preparar sándwiches y otros platillos dentro de ese límite de tiempo.

3 tazas de Harina multiusos para hornear (página 19)

½ cucharadita de sal de mar

1 cucharadita de polvo para hornear sin aluminio

5 huevos, separados

¼ taza de mantequilla o aceite de coco derretido

1 cucharada de suero de leche o leche de coco (enlatada o de cartón)

Precalienta el horno a 177°C. Engrasa un molde para pan de apróximadamente 22 x 12 cm.

En un procesador de alimentos, mezcla bien la Harina multiusos para hornear, el polvo para hornear y la sal. Agrega las yemas de los huevos, la mantequilla o el aceite de coco y el suero de leche o la leche de coco. Combínalos hasta que queden unificados.

Con una batidora eléctrica y en un tazón grande, bate las claras de los huevos hasta que se formen picos suaves. Vacíalas en la mezcla de harina y revuélvelos en el procesador de alimentos hasta que las claras estén distribuidas de forma homogénea.

No fuerces la máquina a una velocidad constante. Distribúyelo en el molde para pan y hornéalo por 40 minutos o hasta que salga limpio un palillo insertado dentro de la hogaza.

CADA PORCIÓN CONTIENE: 174 calorías, 7 g de proteína, 6 g de carbohidratos, 15 g de grasa total, 4 g de grasa saturada, 3 g de fibra, 234 mg de sodio.

FOCACCIA BÁSICA

TIEMPO DE PREPARACIÓN: 5 MINUTOS | **TIEMPO TOTAL:** 25 MINUTOS

Sirve para preparar 6 porciones

Uno de los desafíos de hornear sin trigo y con harinas sustitutas saludables es hacer que el pan tipo hogaza se infle, ya que no tenemos levadura. En nuestra Focaccia básica, le damos la vuelta a este problema con un pan plano. Es tan simple como el pan sin trigo.

La receta básica puede modificarse para hacer muchas variaciones. Por ejemplo, agrega 2 cucharaditas de romero entero o molido y 1 cucharadita de ajo seco para hacer un pan plano estilo italiano. O bien, después de hornear, pinta la parte superior con aceite de oliva virgen extra y espolvorea con queso parmesano rallado. Para obtener pan que se lleve bien con queso crema, añade 1 cucharadita de canela, ½ cucharadita de nuez moscada y el endulzante que elijas (equivalente a 1 cucharadita de azúcar).

Es importante que sigas la secuencia para agregar los ingredientes tal como está escrita para evitar el común efecto "amoniaco de panadería". Éste resulta de la reacción entre el bicarbonato de sodio y los huevos y genera un desagradable olor a amoniaco. Cuando agregas el vinagre antes, el ácido acético del vinagre reacciona con el bicarbonato de sodio y previene la reacción con el huevo.

2 tazas de Harina multiusos para hornear (página 19)	**¼** taza de agua
2 cucharaditas de vinagre	**1** cucharadita de goma xantana (opcional)
2 cucharaditas de aceite de oliva virgen extra	**3** huevos batidos
	½ cucharadita de sal de mar

Precalienta el horno a 190°C. Engrasa una bandeja grande con borde para hornear.

En un tazón grande, coloca la Harina multiusos para hornear. En un tazón pequeño o taza, combina el aceite, el vinagre, el agua, la goma xantana (si quieres) y la sal. Agrega esta mezcla a la Harina multiusos y revuélvelas rápido. Déjalo reposar 1 minuto y luego añade los huevos batidos. Integra todo muy bien.

Con las manos humedecidas, coloca la masa sobre la bandeja para hornear y dale la forma de un rectángulo de 20 cm x 30 cm.

Hornéalo por 15 minutos o hasta que esté un poco dorado. Con un rebanador de pizza o con un cuchillo, córtalo en piezas de 8.8 cm x 10 cm. Guárdalas en el refrigerador.

CADA PORCIÓN CONTIENE: 289 calorías, 11 g de carbohidratos, 25 g de grasa total, 3 g de grasa saturada, 6 g de fibra, 415 mg de sodio.

FOCACCIA A LAS HIERBAS

TIEMPO DE PREPARACIÓN: 15 MINUTOS | **TIEMPO TOTAL:** 35 MINUTOS

Sirve para preparar 6 porciones

Este pan plano es el favorito de los lectores de mi recetario anterior. Gracias a esta focaccia podemos disfrutar de una forma deliciosa: sándwiches Reuben, sándwiches de jamón y queso, sándwiches de pavo ahumado o un maravilloso pan para untarle aceite de oliva virgen extra. Es por eso que lo traje de vuelta con algunos pequeños cambios para ajustarse al límite de 30 minutos.

Es importante que sigas la secuencia para incorporar los ingredientes tal como está escrita para evitar el común efecto de "amoniaco de panadería". Éste resulta de la reacción entre el bicarbonato de sodio y los huevos y genera un desagradable olor a amoniaco. Cuando agregas el vinagre antes, el ácido acético del vinagre reacciona con el bicarbonato de sodio y previene la reacción con el huevo.

1	taza de queso mozzarella rallado u otro queso		1½	cucharaditas de romero seco troceado
1	cucharadita de goma xantana		2	huevos separados
3	tazas de Harina multiusos para hornear (página 19)		½	taza de aceitunas sin semilla o de aceitunas kalamata finamente rebanadas
½	cucharadita de ajo en polvo		½	taza de tomates deshidratados finamente rebanados
1	cucharadita de polvo para hornear sin aluminio		6	cucharadas de aceite de oliva virgen extra separadas
1½	cucharaditas de orégano seco		2	cucharadas de vinagre blanco o de vinagre de sidra de manzana
1¼	cucharaditas de sal de mar			
1	cucharadita de cebolla en polvo			

Precalienta el horno a 190°C. Engrasa una bandeja para hornear.

En un picador o procesador de alimentos, corta el queso hasta que queden pedazos pequeños como del tamaño del cuscús.

En un recipiente mediano, combina el queso procesado, la Harina multiusos para hornear, la goma xantana, el polvo para hornear, 1 cucharadita de sal, la cebolla en polvo, el ajo en polvo, el romero, el orégano, las aceitunas y los tomates. Mezcla bien. Agrega dos cucharadas de aceite y el vinagre. Revuelve rápido y déjalo reposar.

En un tazón grande, revuelve las claras de los huevos hasta que se endurezcan con una batidora eléctrica en velocidad alta. Añade las yemas y dos cucharadas del aceite restante y continúa batiendo a baja velocidad. Viértelo en la masa que estaba reposando e incorpóralos con una cuchara.

Coloca la masa en la bandeja para hornear y, con tus manos, dale la forma de un rectángulo de 28 cm x 30 cm. Como alternativa, cubre la masa con papel vegetal y dale forma con un rodillo. Debe tener media pulgada de grueso.

Hornea por 10 minutos. Sácalo del horno y, con el mango de algún instrumento u otra cosa redondeada pequeña, hazle pequeños hundimientos en la superficie separadas por una pulgada de distancia. Unta la cubierta con las dos cucharadas de aceite de oliva restante y espolvoréalo con el ¼ de cucharadita de sal que quedó. Hornea por 8 minutos o hasta que se dore un poco.
Usa un cortador de pizza o un cuchillo para cortar el pan plano en seis rebanadas de 10 cm x 15 cm, aproximadamente.

CADA PORCIÓN CONTIENE: 545 calorías, 19 g de proteína, 19 g de carbohidratos, 47 g de grasa total, 7 g de grasa saturada, 11 g de fibra y 905 mg de sodio.

MUFFINS BÁSICOS PARA SÁNDWICH

TIEMPO DE PREPARACIÓN: 5 MINUTOS | TIEMPO TOTAL: 20 MINUTOS

Sirve para preparar 4 mitades o 2 piezas completas

Pon un huevo o una salchicha entre dos mitades de estos muffins y tendrás un muffin de desayuno. También puedes usarlos para hacer una hamburguesa pequeña.

Para ahorrar tiempo en los días atareados, prepáralos con antelación. Puedes duplicar o triplicar la receta para hacer lotes más grandes. Para obtener deliciosos muffins saborizados, agrega ½ cucharadita de romero y de orégano seco.

1 taza de Harina multiusos para hornear (página 19)	2 cucharadas de aceite de oliva virgen extra
½ cucharadita de polvo para hornear sin aluminio	1 huevo
½ cucharadita de sal de mar	1 cucharada de agua (podría requerir agua adicional)

Precalienta el horno a 177°C. Engrasa 4 espacios de un molde para hornear whoopies.

En un recipiente combina la Harina multiusos, el polvo para hornear y la sal. Agrega el aceite y revuelve bien. Incorpora el huevo a la mezcla. Si la masa está muy dura, puedes ponerle agua (una cucharada a la vez).

Divide la masa en los cuatro espacios del molde. Con una cuchara, aplánalos hasta que queden de poco más de 1 cm y en el centro hazle un cuenco pequeño. Hornea por 12 minutos o hasta que las orillas comiencen a dorarse. Déjalos enfriar por 3 minutos antes de que los desmoldes con cuidado.

CADA MITAD CONTIENE: 240 calorías, 8 g de proteína, 8 g de carbohidratos, 21 g de grasa total, 2 g de grasa saturada, 5 g de fibra y 417 mg de sodio.

HARINA PARA WRAPS DE SEMILLAS DE LINO

TIEMPO DE PREPARACIÓN: 5 MINUTOS | **TIEMPO TOTAL:** 5 MINUTOS

Sirve para preparar 2 tazas

Las semillas molidas de lino dorado hacen unos wraps maravillosos: pueden remplazar a sus equivalentes de trigo o de harina de maíz en cualquier receta.

- **2 tazas de semillas molidas de lino dorado**
- **1 cucharadita de polvo para hornear sin aluminio**
- **1½ cucharaditas de cebolla en polvo**
- **1 cucharadita de ajo en polvo**
- **½ cucharadita de sal de mar**

En un recipiente mediano, mezcla las semillas de lino, el polvo para hornear, la cebolla y el ajo en polvo y la sal. Guárdalo en un contenedor hermético, mejor dentro del refrigerador.

MEDIA TAZA CONTIENE: 123 calorías, 6 g de proteína, 9 g de carbohidratos, 9 g de grasa total, 0 g de grasa saturada, 8 g de fibra, 149 mg de sodio.

WRAPS DE SEMILLAS DE LINO

TIEMPO DE PREPARACIÓN: 5 MINUTOS | TIEMPO TOTAL: 15 MINUTOS

Sirve para preparar 1 pieza

Ésta es otra receta de batalla que traje de vuelta del libro original. Ha demostrado ser una gran favorita. Ahora la prepararemos a partir de nuestra Harina para wraps de semillas de lino (página 25).

¼ taza de Harina para wraps de semillas de lino (página 25)

1 cucharadita de aceite de coco derretido o aceite de oliva

1 huevo

1 cucharada de agua

En un recipiente grande, combina la Harina para wraps, el aceite, el huevo y el agua hasta que se forme una masa ligera y líquida.

Engrasa una fuente para microondas de 23 cm o un molde para pay. Vierte la masa en el molde usando una espátula para vaciar el recipiente. Inclina el molde para cubrir el fondo de manera uniforme. Hornea en el microondas por 2 o 3 minutos en alta potencia o hasta que se haya cocinado. (De manera alternativa, hornea en un molde para tarta resistente al horno a 190°C por 10 minutos o hasta que esté bien cocido). Déjalo enfriar por 5 minutos, luego remueve la tortilla levantando la orilla con una espátula. Si se pega, usa un volteador para despegarlo de manera suave. Voltea el wrap y ponle los ingredientes que quieras o guárdalo en el refrigerador para usarlo después.

CADA PORCIÓN CONTIENE: 234 calorías, 12 g de proteína, 9 g de carbohidratos, 18 g de grasa total, 6 g de grasa saturada, 8 g de fibra y 220 mg de sodio.

CHIPS DE PAN DE PITA

TIEMPO DE PREPARACIÓN: 5 MINUTOS | **TIEMPO TOTAL:** 5 MINUTOS

Sirve para preparar 1 porción

Si dejas más tiempo en el horno los ingredientes del Wrap de semillas de lino, crearás un tazón de chips crujientes estilo pita. Puedes untarlos con Guacamole fresco (página 32) o con Hummus condimentado (página 33). Si quieres más chips, trabaja con dos moldes para pay. De ese modo, podrás preparar un lote de masa mientras otro se cocina en el horno.

¼ Harina para wraps de semillas de lino (página 25)

1 cucharadita de aceite de coco derretido o aceite de oliva

1 huevo

1 cucharada de agua

En un recipiente mediano, combina la Harina, el aceite, el huevo y el agua hasta que se forme una masa ligera y líquida.

Engrasa una fuente para microondas de 23 cm o un molde para tarta. Vierte la masa en el molde usando una espátula para vaciar el recipiente. Inclina el molde para cubrir el fondo de manera uniforme. Hornea en el microondas por 3½ o 5 minutos a alta potencia o hasta que esté crujiente. Rómpelo a mano de las formas y tamaños que quieras.

CADA PORCIÓN CONTIENE: 234 calorías, 12 g de proteína, 9 g de carbohidratos, 18 g de grasa total, 6 g de grasa saturada, 8 g de fibra y 220 mg de sodio

HARINA PARA TORTILLAS

TIEMPO DE PREPARACIÓN: 5 MINUTOS | TIEMPO TOTAL: 5 MINUTOS

Sirve para preparar 4½ tazas

Esta mezcla básica está planeada para que produzca un lote de tortillas. Por ejemplo, prepara 4 tortillas y te sobrará suficiente para que dure casi una semana en el refrigerador. Con algunos otros ingredientes, puedes hacer una quesadilla o una pizza pequeña en unos minutos. Recuerda usar ingredientes que tengas a la mano.

3 tazas de semillas molidas de lino dorado	2 cucharadas de cebolla en polvo
1 taza de harina de almendra	2 cucharaditas de ajo en polvo
	1½ cucharaditas de sal de mar

En un recipiente grande, mezcla las semillas de lino, la harina de almendra, la cebolla en polvo, el ajo en polvo y la sal. Guárdalo en un contenedor hermético, mejor dentro del refrigerador.

CADA TAZA CONTIENE: 126 calorías, 6 g de proteína, 8 g de carbohidratos, 10 g de grasa total, 0 g de grasa saturada, 7 g de fibra, 142 mg de sodio

TORTILLAS

TIEMPO DE PREPARACIÓN: 5 MINUTOS | TIEMPO TOTAL: 10 MINUTOS

Sirve para preparar 4 piezas

De esta manera usamos la Harina para tortillas para que produzca 4 tortillas por lote.

1 taza de Harina para tortillas	**2 huevos**

....

Precalienta el horno a 190°C. Cubre una bandeja grande para hornear con papel vegetal.

Vierte la Harina en un recipiente grande. Agrega los huevos y bate hasta que se unifique. Divide la masa en 4 porciones iguales.

Aplana cada una entre dos piezas de papel vegetal con un rodillo hasta que tenga 15 cm de diámetro. De manera alternativa (¡y más fácil!), usa una prensa manual para tortillas con papel vegetal por ambos lados.

Colócalas sobre la bandeja, con las dos hojas de papel vegetal y hornea por 5 minutos o hasta que se doren.

Guárdalas en el refrigerador.

CADA TORTILLA CONTIENE: 162 calorías, 9 g de proteína, 8 g de carbohidratos, 12 g de grasa total, 1 g de grasa saturada, 7 g de fibra y 177 mg de sodio.

Salsas y aderezos

Todos los sazonadores, salsas y aderezos tienen una cosa en común: contienen trigo y otros ingredientes poco saludables. Por ejemplo, un ingrediente frecuente en los aderezos de ensaladas (y prácticamente en todas las salsas barbacoa, catsup y condimentos) es el jarabe de maíz alto en fructosa. De hecho, si examinas las etiquetas de los productos de tu supermercado, notarás que ¡sólo hay unos cuantos aderezos y salsas en verdad saludables!

Aquí hay una colección de salsas y aderezos sanos, sin trigo y sin ingredientes chatarra. Con ellos puedes preparar platillos interesantes, deliciosos y que toman menos de 30 minutos.

PESTO DE ALBAHACA

TIEMPO DE PREPARACIÓN: 5 MINUTOS | TIEMPO TOTAL: 5 MINUTOS

Sirve para preparar ½ taza

Me encanta cultivar mi propia albahaca, tomar las hojas más bonitas y molerlas para hacer un pesto fresco. Será exquisito cuando lo combines con el aceite de oliva, el queso parmesano y la albahaca. Para obtener platillos riquísimos y elegantes, viértelo encima de fideos Shirataki con un poco de sal y pimienta. También puedes añadirle un par de cucharadas de huevos revueltos (el color es raro, ¡pero el sabor es delicioso!).

1	taza llena de albahaca fresca	¼	taza de queso parmesano rallado
2	cucharadas de piñones	¼	cucharadita de sal de mar
2	dientes de ajo picados	1½	cucharaditas de vinagre balsámico blanco
½	taza de aceite de oliva virgen extra		

En un picador o procesador de alimentos, combina la albahaca, los piñones y el ajo. Pícalos o procésalos hasta que se conviertan en una pasta. Agrega aceite, queso, sal y vinagre. Continúa machacando hasta que todos los ingredientes se mezclen y el pesto esté color verde brillante.

CADA CUCHARADA CONTIENE: 86 calorías, 1 g de proteína, 1 g de carbohidratos, 9 g de grasa total, 1.5 g de grasa saturada, 0 g de fibra y 70 mg de sodio

GUACAMOLE

Sirve para preparar 6 porciones

Aquí hay algo para ponerle a tus chips de pita (página 27), o para untar en un wrap, en una tortilla o en un sándwich. El guacamole también es una salsa deliciosa para los vegetales crudos.

3 aguacates maduros, deshuesados, pelados y en mitades

1 cebolla picada en forma gruesa

1 chile serrano picado en forma gruesa (usa guantes de plástico cuando lo manipules)

2 dientes de ajo picados en forma gruesa

½ taza de cilantro fresco finamente picado

Jugo de un limón verde

½ cucharadita de sal de mar

1 tomate picado en forma gruesa

En un picador o procesador de alimentos mezcla los aguacates, la cebolla, el chile, el ajo, el cilantro, el jugo de limón y la sal. Muélelos hasta que esté ligeramente apelmazado y unificado. Agrega el tomate y tritúralo hasta que tenga la consistencia deseada.

CADA PORCIÓN CONTIENE: 129 calorías, 2 g de proteína, 9 g de carbohidratos, 11 g de grasa total, 1 g de grasa saturada, 5 g de fibra y 140 mg de sodio.

HUMMUS CONDIMENTADO

TIEMPO DE PREPARACIÓN: 10 MINUTOS | **TIEMPO TOTAL:** 10 MINUTOS

Sirve para preparar 1½ tazas

El hummus es una salsa muy versátil. Además, sabe tan bien en los sándwiches que pensé que lo mejor sería hacer una versión para que tú mismo lo hagas en casa. También es más económico prepararlo, en vez de comprar uno de buena calidad (podría ser muy caro).

Para conseguir un sabor más profundo y dulce, intenta asar el ajo. Sólo córtalo y usa una mitad. Gotea sobre él ½ cucharadita de aceite de oliva y envuélvelo en papel aluminio. Hornéalo a 190°C por 40 o 45 minutos o hasta que esté blando. Déjalo enfriar por 20 minutos antes de agregarlo en la mezcla de garbanzo.

Si no te gusta el sabor del tahini, puedes sustituirlo por aceite de sésamo tostado o no ponerle ninguna de estas opciones.

¼	taza de aceite de oliva virgen extra	½	cucharadita de pimentón
1	lata (450 g) de garbanzos enjuagados y escurridos	½	cucharadita de sal de mar
3 o 4	dientes de ajo picados	1	cucharada de queso romano o parmesano rallado (opcional)
3	cucharadas de jugo de limón	1	cucharada de piñones (opcional)
2	cucharadas de tahini	1	cucharada de cebollín picado (opcional)
½	cucharadita de pimienta roja molida (opcional)		

En un picador o procesador de alimentos, muele el aceite de oliva, los garbanzos y el ajo. Agrega el jugo de limón, el tahini, la pimienta roja (si lo deseas), el pimentón y la sal. Procésalo hasta que esté completamente uniforme y blando. Si quieres espolvoréale el queso, los piñones y los cebollinos. Guárdalo en un contenedor dentro del refrigerador.

½ **TAZA CONTIENE:** 118 calorías, 3 g de proteína, 6 g de carbohidratos, 10 g de grasa total, 1 g de grasa saturada, 1 g de fibra y 179 mg de sodio.

SALSA MARINARA

TIEMPO DE PREPARACIÓN: 10 MINUTOS | TIEMPO TOTAL: 30 MINUTOS

Sirve para preparar 7 tazas

Como sucede con otras salsas y aderezos, la marinara prefabricada suele tener azúcar o jarabe de maíz alto en fructosa. El reto de hacerlo en casa es mantener la preparación dentro del límite de 30 minutos. Agregar vino tinto a la salsa le quita la amargura residual que suele removerse con 2 horas a fuego lento en la estufa. Para estas ocasiones, tengo en el refrigerador una botella de Côtes-du-Rhône francesa, de Borgoña o de Cabernet Sauvignon estadounidense que lleve un tiempo abierta y ya no sea bebible.

- 2 cucharadas de aceite de oliva virgen extra
- 2 chalotes o 1 cebolla mediana finamente picada
- 3 dientes de ajo picados
- 1 cucharadita de hojuelas de chile rojo
- 2 latas (600 g cada una) de jitomates en cubos

- 1 lata (180 g) de concentrado de tomate
- 2 cucharadas de Sazonador italiano* (página 56)
- Endulzante equivalente a 1 cucharada de azúcar
- Sal de mar y pimienta al gusto
- ¼ taza de vino tinto

En una cacerola grande calienta el aceite de oliva. Fríe los chalotes, el ajo y las hojuelas de chile rojo hasta que los chalotes estén translúcidos.

Mientras tanto, pon los jitomates en la licuadora y licúalos hasta que tengan la consistencia que desees (cuanto menos los muelas, más densa quedará). Vierte los tomates en la cacerola. Agrega y revuelve el concentrado de tomate, el sazonador, el endulzante, la sal y la pimienta. Cocínalo a fuego medio. Reduce la llama a fuego bajo y déjalo cocinar por 20 minutos. Muévelo de vez en cuando. Vierte el vino tinto, revuelve suavemente y quítalo del fuego.

* Puedes sustituirlo por 2 cucharaditas de albahaca seca, 2 cucharaditas de orégano seco y 2 cucharaditas de romero.

½ **TAZA CONTIENE:** 74 calorías, 2 g de proteína, 11 g de carbohidratos, 2 g de grasa total, 0 g de grasa saturada, 2 g de fibra y 261 mg de sodio.

SALSA BARBACOA

Sirve para preparar 3 tazas

Esta variación de la salsa tradicional y favorita para la carne se lleva muy bien con el estilo de vida sin trigo. Ponle a las costillas, a los filetes, al cerdo o al pescado para condimentarlos y darles un toque especial.

3 dientes de ajo picados	2 cucharadas de mostaza
1 cucharada de chile en polvo	½ cucharadita de pimienta roja molida
1 cucharada de aceite de oliva	½ cucharadita de sal de mar
1 lata (850 g) de puré de tomate	1 cucharada de cebolla en polvo
2 cucharadas de melaza	Endulzante equivalente a ¼ de taza de azúcar
1 cucharada de vinagre de sidra de manzana	

Calienta el aceite en una sartén a fuego medio. Sofríe el ajo y el chile en polvo durante 3 minutos. Agrega el puré de tomate, la melaza, el vinagre, la mostaza, la pimienta roja, la sal, el ajo en polvo y el endulzante. Hierve y luego reduce la llama hasta que sea baja. Cúbrelo y cocínalo a fuego lento por 15 minutos. Revuelve de vez en cuando. Quítalo del calor y déjalo enfriar antes de guardarlo en el refrigerador.

½ **TAZA CONTIENE:** 47 calorías, 1 g de proteína, 9 g de carbohidratos, 1 g de grasa total, 0 g de grasa saturada, 1 g de fibra y 316 mg de sodio.

CURRY ROJO ESTILO TAILANDÉS

TIEMPO DE PREPARACIÓN: 5 MINUTOS | TIEMPO TOTAL: 5 MINUTOS

Sirve para preparar ¾ de taza

Agrega el Curry rojo estilo tailandés a la carne o a los vegetales y los convertirás en platillos condimentados y llenos de sabor.

1 lata (400 g) de leche de coco	¾ cucharadita de vinagre de arroz
2 cucharadas de pasta de curry rojo	¾ cucharadita de tamari

En un recipiente pequeño, combina la leche de coco, la pasta de curry, el vinagre y el tamari. Muévelo hasta que esté bien mezclado. Guárdalo en un contenedor hermético dentro del refrigerador.

¼ DE TAZA CONTIENE: 259 calorías, 3 g de proteína, 6 g de carbohidratos, 27 g de grasa total, 24 g de grasa saturada, 2 g de fibra y 477 mg de sodio.

SALSA DE JENGIBRE Y MISO

TIEMPO DE PREPARACIÓN: 5 MINUTOS | **TIEMPO TOTAL:** 5 MINUTOS

Sirve para preparar ½ taza

Esta receta le da un giro asiático a una salsa que puede usarse para marinar, pollo, pescado y ensaladas o como alternativa especial para las costillas a la barbacoa. Puedes encontrar la pasta miso natural en tiendas de comida saludable, naturista o en mercados de comida asiática.

1½ cucharadas de pasta de miso	1 cucharadita de jengibre fresco picado
2 cucharadas de aceite de sésamo	½ cucharadita de ajo picado (1 diente pequeño)
1 cucharada de vinagre de arroz	1 cucharadita de cebolla en polvo
1 cucharadita de wasabi en polvo (opcional)	2 cucharadas de semillas de sésamo
	¼ taza de agua

En un recipiente pequeño, mezcla el miso, el aceite de sésamo, el vinagre, el wasabi (si quieres), el jengibre, el ajo, la cebolla en polvo, las semillas de sésamo y el agua hasta que el miso se disuelva. Guárdalo en un contenedor hermético dentro del refrigerador.

CADA CUCHARADA CONTIENE: 50 calorías, 1 g de proteína, 1 g de carbohidratos, 5 g de grasa total, 0.5 g de grasa saturada, 0 g de fibra, 144 mg de sodio.

SALSA DE YOGUR DE PEPINO EN VINAGRE

TIEMPO DE PREPARACIÓN: 10 MINUTOS | **TIEMPO TOTAL:** 10 MINUTOS

Sirve para preparar 1½ tazas

Esta sencilla salsa es un acompañamiento delicioso para las Hamburguesas de cordero de Medio Oriente (página 146).

1	taza de yogur griego natural de leche entera	1	cucharadita de menta fresca finamente troceada
½	taza de pepinos ingleses pelados y rallados	¼	cucharadita de ajo en polvo
2	cucharadas de aceite de oliva virgen extra	½	cucharadita de sal kosher
1	cucharada de tomillo finamente troceado	⅛	cucharadita de pimienta negra molida

En un recipiente pequeño, combina el yogur, el pepino, el aceite, el tomillo, la menta, el ajo en polvo, la sal y la pimienta.

½ TAZA CONTIENE: 99 calorías, 3 g de carbohidratos, 7 g de grasa total, 1 g de grasa saturada, 0 g de fibra y 242 mg de sodio.

SALSA TÁRTARA

TIEMPO DE PREPARACIÓN: 5 MINUTOS | TIEMPO TOTAL: 5 MINUTOS

Sirve para preparar ¾ de taza

¡Esta versión de la Salsa tártara es simple, tradicional y muy saludable!

½ taza de mayonesa de aceite de oliva

⅓ taza de pepinillos en vinagre en cubos pequeños

1 cucharadita de cebolla seca

3 cucharadas de jugo de limón

En un recipiente pequeño, mezcla la mayonesa, los pepinillos, la cebolla seca y el jugo de limón. Sírvelo con pescado.

2 CUCHARADAS CONTIENEN: 69 calorías, 0 g de proteína, 1 g de carbohidratos, 7 g de grasa total, 1 g de grasa saturada, 0 g de fibra y 230 mg de sodio.

MAYONESA

TIEMPO DE PREPARACIÓN: 5 MINUTOS | TIEMPO TOTAL: 10 MINUTOS

Sirve para preparar aproximadamente 1¼ tazas

Sí: Mayonesa. Cada vez más gente se acerca a mí y me dice: "No confío en la mayonesa comprada en la tienda, ni en sus ingredientes. ¿Cómo la preparo de forma saludable?"

Bueno, ¡aquí está la respuesta!

Todos los ingredientes deben estar a temperatura ambiente. Si alguno está frío o refrigerado, mételo en agua caliente hasta que alcance la temperatura del ambiente. Hazlo antes de comenzar con la receta. También puedes agregar algún condimento a la mayonesa terminada, como pimentón o tomillo.

3	yemas de huevo	2	tazas de aceite de oliva extralight
2	cucharaditas de mostaza Dijon	¼	vinagre de vino blanco
¼	cucharadita de sal de mar		

En una licuadora o procesador de alimentos, mezcla las yemas de huevo, la mostaza y la sal. Muélelo en velocidad alta. Vierte muy lentamente el aceite (durante varios minutos) y procésalo hasta que la mezcla se haga densa. Agrega el vinagre y déjalo molerse hasta que esté combinado.

Guárdalo en un recipiente hermético dentro del refrigerador hasta por una semana.

CADA CUCHARADA CONTIENE: 102 calorías, 0 g de proteína, 0 g de carbohidratos, 12 g de grasa total, 2 g de grasa saturada, 0 g de fibra y 26 mg de sodio.

MAYONESA AL AJO UNTABLE

TIEMPO DE PREPARACIÓN: 5 MINUTOS | TIEMPO TOTAL: 5 MINUTOS

Sirve para preparar aproximadamente 1 taza

Usa esta mayonesa untable en sándwiches sin trigo o encima de unas Croquetas de salmón (página 173).

1 taza de Mayonesa (página 40)	⅛ cucharadita de sal de mar
1 cucharada de jugo de limón	⅛ cucharadita de pimienta negra molida
1 diente de ajo picado	

En un recipiente pequeño, mezcla la mayonesa, el jugo de limón, el ajo, la sal y la pimienta. Bátelo hasta que esté unificado. Guárdalo en un contenedor hermético dentro del refrigerador.

CADA CUCHARADITA CONTIENE: 101 calorías, 0 g de proteína, 0 g de carbohidratos, 11 g de grasa total, 1.5 g de grasa saturada, 0 g de fibra y 102 mg de sodio.

MAYONESA CONDIMENTADA ESTILO CAJÚN

TIEMPO DE PREPARACIÓN: 5 MINUTOS | **TIEMPO TOTAL:** 5 MINUTOS

Sirve para preparar ½ taza

Esta deliciosa mayonesa puede servir como acompañamiento para sándwiches, wraps o verduras. También puedes agregarla en yemas de huevos para hacer unos endiablados rápidos y únicos.

½ taza de Mayonesa (página 40)	1 cucharadita de jugo de limón
1 cucharadita de concentrado de tomate	¾ cucharadita de Sazonador cajún (página 58)

En un recipiente pequeño, combina la mayonesa, el jugo de limón, el concentrado de tomate y el sazonador. Bátelo bien.

CADA CUCHARADITA CONTIENE: 103 calorías, 0 g de proteína, 0 g de carbohidratos, 12 g de grasa total, 2 g de grasa saturada, 0 g de fibra y 36 mg de sodio.

ADEREZO DE ZANAHORIA Y JENGIBRE ESTILO JAPONÉS

TIEMPO DE PREPARACIÓN: 10 MINUTOS | TIEMPO TOTAL: 10 MINUTOS

Sirve para preparar aproximadamente 2 tazas

Si alguna probaste una ensalada verde en un restaurante japonés, habrás notado que los vegetales por sí mismos no son tan impresionantes... ¿Pero qué tal el aderezo de zanahoria y jengibre? ¡Increíble! Bueno, aquí está la receta recreada para que la disfrutes en tus ensaladas hechas en casa.

Puedes usar algo mejor que la lechuga *iceberg* que usan los restaurantes japoneses. En su lugar, utiliza lechuga Boston, mizuna, romana y verdolagas. La arúgula es especialmente deliciosa con este aderezo.

3 zanahorias grandes rebanadas	1 cucharada de aceite de sésamo tostado
2 cucharadas de jengibre fresco picado de forma gruesa	¼ taza de vinagre de arroz
1 chalote picado de forma gruesa	2 cucharadas de agua
½ taza de aceite de oliva extralight o aceite de coco	1 cucharada de salsa de soya sin gluten o pasta de miso

En un picador o procesador de alimentos, combina las zanahorias, el jengibre, el chalote, el aceite de oliva o el aceite de coco, el aceite de sésamo, el vinagre, el agua y la soya o la pasta de miso. Muélelo hasta que se reduzca a una pasta fina. Guárdalo en un contenedor hermético dentro del refrigerador.

2 CUCHARADAS CONTIENEN: 80 calorías, 0 g de proteína, 3 g de carbohidratos, 8 g de grasa total, 1 g de grasa saturada, 1 g de fibra y 127 mg de sodio.

ADEREZO RANCH A LAS HIERBAS

TIEMPO DE PREPARACIÓN: 5 MINUTOS | **TIEMPO TOTAL:** 5 MINUTOS

Sirve para preparar 2 tazas

Esta receta utiliza mayonesa comprada en la tienda para facilitar la preparación. La calidad del aderezo *ranch* dependerá de la calidad de la mayonesa que escojas. Ten cuidado; no escojas alguna que contenga ingredientes poco saludables, como los aceites hidrogenados o bien hazla tú mismo (página 40). Afortunadamente, la mayoría de las mayonesas sólo son una combinación de aceites, huevos, vinagre y sazonadores. Por lo general, el aceite que se usa es de soya (rico en Omega 6), pero puedes encontrar marcas que utilizan aceite de oliva o de coco. Como alternativa, emplea mayonesa convencional pero remplaza un tercio de ella con algún aceite saludable que tú elijas.

1 taza de mayonesa

½ taza de crema agria

½ taza de suero de leche

2 cucharadas de jugo de limón

¼ taza de perejil picado

2 cucharadas de cebollín picado

¼ cucharadita de tomillo seco

En un recipiente mediano, mezcla la mayonesa, la crema agria, el suero de leche, el jugo de limón, el perejil, el cebollín y el tomillo. Revuélvelo bien. Vierte en una botella o en un frasco y guárdalo en el refrigerador.

2 CUCHARADAS CONTIENEN: 117 calorías, 1 g de proteína, 1 g de carbohidratos, 12 g de grasa total, 2 g de grasa saturada, 0 g de fibra y 103 mg de sodio.

ADEREZO RANCH

TIEMPO DE PREPARACIÓN: 5 MINUTOS | TIEMPO TOTAL: 5 MINUTOS

Sirve para preparar aproximadamente 2 tazas

Porque lo pidieron los lectores, esta receta está de vuelta. También se encuentra en los primeros dos libros. Como ha sido todo un éxito, la incluyo aquí.

1 taza de crema agria	1½ cucharaditas de cebolla en polvo
½ taza de mayonesa	1 cucharada de vinagre blanco
½ taza de queso parmesano	Una pizca de sal
1 cucharadita de ajo en polvo	1–2 cucharadas de agua

En un recipiente mediano, revuelve la crema agria, la mayonesa, el queso, el ajo y la cebolla en polvo, el vinagre, la sal y 1 cucharada de agua. Si lo prefieres menos denso, agrega una cucharada más de agua. Viértelo en una botella o en un frasco y guárdalo en el refrigerador.

2 CUCHARADAS CONTIENEN: 53 calorías, 1 g de proteína, 2 g de carbohidratos, 5 g de grasa total, 2 g de grasa saturada, 0 g de fibra y 103 mg de sodio.

ADEREZO CREMOSO DE PESTO

TIEMPO DE PREPARACIÓN: 5 MINUTOS | TIEMPO TOTAL: 5 MINUTOS

Sirve para preparar 2/3 taza

Este aderezo acompaña muy bien los sándwiches y las ensaladas verdes.

¼ taza de crema agria

¼ taza de suero de leche

3 cucharadas de pesto de albahaca preparado

1 cucharada de queso romano rallado

En un recipiente pequeño, combina la crema agria, el suero de leche, el pesto y el queso. Mezcla bien. Viértelo en una botella o en un frasco y guárdalo en el refrigerador.

2 CUCHARADITAS CONTIENEN: 25 calorías, 1 g de proteína, 1 g de carbohidratos, 2 g de grasa total, 1 g de grasa saturada, 0 g de fibra y 27 mg de sodio.

ADEREZO CREMOSO DE JITOMATE Y CILANTRO

TIEMPO DE PREPARACIÓN: 5 MINUTOS | TIEMPO TOTAL: 5 MINUTOS

Sirve para preparar 1½ tazas

Esta receta es una pequeña variación del aderezo tradicional Mil islas. También sabe rico en los sándwiches.

1 taza de mayonesa

½ taza de salsa de tomate

2 cucharadas de jitomates deshidratados picados

1 cucharada de vinagre de sidra de manzana

⅓ taza de cilantro picado

¼ cucharadita de pimienta negra molida

¼ cucharadita de sal de mar

En un recipiente pequeño, combina la mayonesa, la salsa de tomate, los jitomates deshidratados, el vinagre, el cilantro, la pimienta y la sal. Revuélvelo hasta que se mezcle por completo. Viértelo en una botella o en un frasco y guárdalo en el refrigerador.

2 CUCHARADAS CONTIENEN: 141 calorías, 1 g de proteína, 2 g de carbohidratos, 15 g de grasa total, 2 g de grasa saturada, 1 g de fibra y 244 mg de sodio.

ADEREZO MARROQUÍ

Sirve para preparar 1½ tazas

La rica mezcla de condimentos del Aderezo marroquí produce algo delicioso. Las ensaladas mediterráneas con lechuga romana, aceitunas kalamata y queso feta saben muy bien con este acompañamiento.

1 **taza de aceite de oliva virgen extra**

½ **taza de vinagre (de vino tinto o blanco o de sidra de manzana)**

4 **cucharadas de Sazonador marroquí (página 55)**

Mezcla el aceite, el vinagre y el sazonador en una vinajera o en un frasco. Agítalo hasta que esté revuelto. Guárdalo en el refrigerador.

CADA CUCHARADA CONTIENE: 87 calorías, 0 g de proteína, 0 g de carbohidratos, 9 g de grasa total, 1.5 g de grasa saturada, 0 g de fibra y 0 mg de sodio.

ADEREZO CONDIMENTADO ESTILO ITALIANO

TIEMPO DE PREPARACIÓN: 5 MINUTOS | TIEMPO TOTAL: 5 MINUTOS

Sirve para preparar 1½ tazas

Una vez hecho el Sazonador italiano, no hay razón para no tener a la mano una botella de Aderezo condimentado estilo italiano ¡hecho en casa!

1 taza de aceite de oliva virgen extra

½ taza de vinagre (de vino tinto o blanco, balsámico o balsámico blanco)

1 cucharada de Sazonador italiano (página 56)

½ cucharadita de sal de mar

Mezcla el aceite, el vinagre, el sazonador y la sal dentro de una vinajera o un frasco. Agítalo bien. Guárdalo en el refrigerador.

CADA CUCHARADA CONTIENE: 87 calorías, 0 g de proteína, 0 g de carbohidratos, 9 g de grasa total, 1 g de grasa saturada, 0 g de fibra y 49 mg de sodio.

ADEREZO DE JITOMATES DESHIDRATADOS ESTILO ITALIANO

TIEMPO DE PREPARACIÓN: 5 MINUTOS | TIEMPO TOTAL: 5 MINUTOS

Sirve para preparar 1½ tazas

Este aderezo es muy útil, puede usarse para todo.

1   taza de aceite de oliva virgen extra

¼   taza de vinagre de vino tinto

¼   taza de agua

¼   taza de jitomates deshidratados (almacenados en aceite) picados

2   cucharaditas de Sazonador italiano (página 56)

2   cucharadas de queso romano rallado

En una licuadora, mezcla aceite, vinagre, agua, jitomates, sazonador y queso. Muele hasta que todo esté mezclado. Vierte en una botella o en un frasco y guárdalo en el refrigerador.

2 CUCHARADITAS CONTIENEN: 55 calorías, 0 g de proteína, 0 g de carbohidratos, 6 g de grasa total, 1 g de grasa saturada, 0 g de fibra y 9 mg de sodio.

MERMELADA DE CIRUELA Y CHÍA

TIEMPO DE PREPARACIÓN: 5 MINUTOS | **TIEMPO TOTAL:** 5 MINUTOS

Sirve para preparar 2 tazas

Elige las ciruelas más jugosas, maduras y que estén un poco blandas. Harán una deliciosa mermelada cuando la textura gelatinosa de la chía haga su efecto. Úsala en bollos, en Focaccia básica (página 21) o en hot cakes sin trigo.

4 ciruelas	1 cucharada de jugo de limón
3 cucharadas de semillas de chía molidas	Endulzante equivalente a ¼ de taza de azúcar

Junta las ciruelas y pícalas de forma gruesa. Colócalas en un picador o procesador de alimentos. Muele por 1 minuto o hasta que se reduzcan a una pulpa líquida.

En un recipiente mediano, combina las ciruelas procesadas, las semillas de chía, el endulzante y el limón. Mézclalo bien. Déjalo reposar 10 minutos. Guárdalo en un contenedor hermético dentro del refrigerador. Muévelo antes de servir.

2 CUCHARADAS CONTIENEN: 26 calorías, 1 g de proteína, 6 g de carbohidratos, 1 g de grasa total, 0 g de grasa saturada, 1 g de fibra y 0 mg de sodio.

MANTEQUILLA DE FRESA

TIEMPO DE PREPARACIÓN: 5 MINUTOS | **TIEMPO TOTAL:** 10 MINUTOS

Sirve para preparar 1 taza

Este simple cambio en la mantequilla se lleva muy bien con una rebanada de Pan de sándwich (página 20). Se modifica muy fácil remplazando las fresas con otros frutos rojos (cocinados o crudos), con chabacanos frescos o secos o con otras frutas. Envuelve una porción de la mantequilla terminada en un pedazo de plástico de cocina y luego en papel aluminio. Esto la mantendrá en buen estado por un mes dentro del congelador.

½ taza de fresas frescas

½ taza de mantequilla a temperatura ambiente

Endulzante equivalente a 2 cucharadas de azúcar

En un picador o procesador de alimentos, combina fresas, mantequilla y endulzante. Mézclalo hasta que se unifique por completo. Como alternativa, coloca todos los ingredientes en un recipiente y usa una batidora convencional a baja velocidad con el aditamento tipo pala. Revuelve hasta que esté uniforme. Guárdalo en un contenedor hermético dentro del refrigerador.

CADA CUCHARADA CONTIENE: 107 calorías, 0 g de proteína, 2 g de carbohidratos, 12 g de grasa total, 7 g de grasa saturada, 0 g de fibra y 101 mg de sodio.

MANTEQUILLA A LAS HIERBAS

TIEMPO DE PREPARACIÓN: 5 MINUTOS | TIEMPO TOTAL: 10 MINUTOS

Sirve para preparar 1 taza

Esta mantequilla ayuda a darle vida a los vegetales, al puré de coliflor, al pollo, a la carne y al pescado con sólo una porción. También puedes presentarla en la mesa dentro de un recipiente con alguna forma que te guste (mientras esté semisólida). A mí me gusta tener mantequillas de varios tipos en el refrigerador. Cambia las hierbas si quieres; puedes usar cebollinos, salvia o tomillo. Envuelve una porción de la mantequilla terminada en un pedazo de plástico de cocina y luego en papel aluminio. Esto la mantendrá en buen estado por un mes dentro del congelador.

250 g	de mantequilla a temperatura ambiente	½	cucharadita de ajo en polvo o
		1	cucharadita de ajo picado
¼	taza de albahaca fresca, romero y mejorana frescas molidas	½	cucharadita de sal de mar

En un recipiente, combina mantequilla, hierbas, ajo y sal. Mezcla bien. Como alternativa, coloca todos los ingredientes en un recipiente y usa una batidora convencional a baja velocidad con el aditamento tipo pala. Revuelve hasta que esté uniforme. Guárdalo en un contenedor hermético dentro del refrigerador.

CADA CUCHARADA CONTIENE: 102 calorías, 0 g de proteína, 0 g de carbohidratos, 12 g de grasa total, 7 g de grasa saturada, 0 g de fibra y 150 mg de sodio.

Sazonadores

Sí, incluso los sazonadores preparados contienen trigo, así como maltodextrina, almidón de maíz, azúcar, BHT (butilhidroxitolueno) y muchos otros ingredientes. Su uso continuo podría traer problemas de salud ¡sólo por comer especias!

Las hierbas y especias de un sólo ingrediente, secas o frescas, casi nunca tienen trigo ni otros ingredientes indeseables. Estas recetas te permitirán tener tus propios sazonadores a la mano para ahorrar tiempo y esfuerzo cuando prepares otros platillos.

En muchas recetas del libro se utilizan estos saludables sazonadores. De manera ideal, prepáralos todos con antelación y tenlos listos en tu alacena dentro de un contenedor hermético. Claro, si los preparas rápidamente, duplica, triplica, cuadruplica o multiplica cuantas veces quieras los ingredientes para crear lotes más grandes para almacenar.

Como las calorías y los carbohidratos de estos sazonadores son insignificantes, no se incluyen en la información nutricional.

SAZONADOR MARROQUÍ

TIEMPO DE PREPARACIÓN: 5 MINUTOS | TIEMPO TOTAL: 5 MINUTOS

Sirve para preparar ½ taza

2	cucharadas de comino molido	1	cucharadita de cardamomo molido
1	cucharada de cilantro molido	½	cucharadita de clavo molido
2	cucharaditas de jengibre molido	1	cucharadita de cascara de naranja seca (opcional)
1½	cucharaditas de canela molida		
1	cucharadita de pimiento rojo molido		

En un recipiente pequeño, mezcla comino, cilantro, jengibre, canela, pimiento rojo, cardamomo, clavo y cáscara de naranja, si decides usarla. Guárdalo en un contenedor hermético.

SAZONADOR ITALIANO

TIEMPO DE PREPARACIÓN: 5 MINUTOS | TIEMPO TOTAL: 5 MINUTOS

Sirve para preparar ½ taza

2 cucharadas de albahaca seca

2 cucharadas de orégano seco

2 cucharadas de romero seco machacado

1 cucharada de mejorana seca

1 cucharada de ajo en polvo

1 cucharada de cebolla en polvo

1 cucharadita de pimienta negra molida

En un recipiente pequeño, mezcla albahaca, orégano, romero, mejorana, ajo en polvo, cebolla en polvo y pimienta. Guárdalo en un contenedor hermético.

SAZONADOR DE TACOS

TIEMPO DE PREPARACIÓN: 5 MINUTOS | TIEMPO TOTAL: 5 MINUTOS

Sirve para preparar ½ taza

3 cucharadas de chile en polvo	1½ cucharaditas de pimienta roja molida
1½ cucharadas de cebolla en polvo	1½ cucharaditas de comino molido
1 cucharadita de pimentón	1 cucharadita de orégano seco
2 cucharaditas de ajo en polvo	

En un recipiente pequeño, mezcla chile en polvo, cebolla en polvo, pimentón, ajo en polvo, pimienta roja, comino y orégano. Guárdalo en un contenedor hermético.

SAZONADOR CAJÚN

TIEMPO DE PREPARACIÓN: 5 MINUTOS | TIEMPO TOTAL: 5 MINUTOS

Sirve para preparar ½ taza

2 cucharadas de pimentón

1 cucharada de ajo en polvo

1 cucharada de cebolla en polvo

2 cucharaditas de pimienta negra molida

1½ cucharaditas de pimienta roja molida

1 cucharadita de orégano seco

1 cucharadita de tomillo seco

½ cucharadita de sal de mar

En un recipiente pequeño, mezcla pimentón, ajo en polvo, cebolla en polvo, pimienta negra, pimienta roja, orégano, tomillo y sal de mar. Guárdalo en un contenedor hermético.

HIERBAS PROVENZALES

TIEMPO DE PREPARACIÓN: 5 MINUTOS | TIEMPO TOTAL: 5 MINUTOS

Sirve para preparar ½ taza

1 cucharada de ajedrea seca	1 cucharada de mejorana seca
1 cucharada de romero seco machacado	1 cucharada de semillas de hinojo
1 cucharada de tomillo seco	1 cucharadita de estragón seco
1 cucharada de albahaca seca	

En un recipiente pequeño, mezcla ajedrea, romero, tomillo, albahaca, mejorana, semillas de hinojo y estragón. Guárdalo en un contenedor hermético.

DESAYUNOS

HUEVOS ESCALFADOS SOBRE ESPÁRRAGOS ASADOS

TIEMPO DE PREPARACIÓN: 5 MINUTOS | TIEMPO TOTAL: 20 MINUTOS

Sirve para preparar 4 porciones

Para comer suficientes vegetales en todo el día, más vale empezar en el desayuno. Éste es un platillo de huevos escalfados servidos sobre espárragos y mantequilla a las hierbas. En este caso usamos mantequilla con cebollino, pero perejil, romero, albahaca y orégano (combinados o por separado) también son buenas opciones.

1 racimo de espárragos (450 g), sin los rabitos duros

2 cucharadas de aceite de oliva virgen extra

½ cucharada de mantequilla

2 cucharadas de cebollín, finamente picado

1 cucharada de jugo de limón

2 cucharadas de vinagre blanco

4 huevos

Pimienta negra molida

Precalienta el horno a 204°C. Pon los espárragos en una sola capa sobre una bandeja para hornear grande y con borde. Rocíalos con el aceite y ¼ de cucharadita de sal. Ásalos durante 13 minutos o hasta que estén ligeramente dorados y tiernos.

Mientras, derrite la mantequilla en una olla pequeña a fuego medio. Añade el cebollino, el jugo de limón y el otro ¼ de cucharadita de sal y revuelve. Retira del fuego y reserva.

En una sartén u olla grande calienta 5 cm de agua y el vinagre en fuego medio-alto hasta que hierva. Parte un huevo, vacíalo en una taza o recipiente y deslízalo con suavidad en el agua hirviendo. Repite con cada huevo. Déjalo hervir a fuego lento durante 3 minutos o hasta que las claras estén consistentes y las yemas estén espesas pero no duras o tan cocidas como las prefieras. También se puede usar una escalfadora de huevos.

Reparte los espárragos en los cuatro platos. Saca con cuidado cada huevo usando una cuchara ranurada. Retira cualquier exceso de agua apoyando ligeramente la parte de abajo de la cuchara sobre una toalla de papel y coloca el huevo encima de los espárragos. Rocía con la mantequilla de limón y hierbas. Sazona con pimienta al gusto.

CADA PORCIÓN CONTIENE: 311 calorías, 9 g de proteína, 5 g de carbohidratos, 29 g de grasas totales, 14 g de grasas saturadas, 2 g de fibra y 422 mg de sodio.

MONTONCITOS DE TOCINO, HUEVOS Y JITOMATES

TIEMPO DE PREPARACIÓN: 5 MINUTOS | **TIEMPO TOTAL:** 15 MINUTOS

Sirve para preparar 4 porciones

Cuando tengas ganas de algo diferente a los tradicionales huevos revueltos o fritos, prueba esta variación rápida y sencilla con tomates, queso parmesano y tocino.

8 rebanadas de tocino sin ahumar

1 jitomate grande cortado en cuatro rebanadas gruesas de 1 cm

1 cucharada de aceite de oliva virgen extra

¼ de taza de queso parmesano, finamente rallado

4 huevos

3 cucharadas de vinagre blanco

Sal de mar

Pimienta negra molida

1 cucharada de cebollín picado (opcional)

Coloca la rejilla del horno a 15 cm del fuego o fuente de calor y precalienta la parrilla. Engrasa una bandeja para hornear.

Cocina el tocino en una sartén mediana a fuego medio durante 5 minutos o hasta que quede al gusto. Pon el tocino en un plato con una toalla de papel.

Pon las rebanadas de jitomate en una sola capa sobre la bandeja para hornear. Rocíalos con el aceite y cubre cada uno con una cucharada del queso. Asa durante 4 minutos o hasta que esté ligeramente dorado. Resérvalas.

En una sartén u olla grande, calienta 5 cm de agua con el vinagre a fuego medio hasta que empiece a hervir. Parte cada huevo por separado en una taza o molde. Vacía suavemente cada huevo, uno a uno, en el agua hirviendo. Cocina durante 3 a 4 minutos si los quieres blandos, 5 minutos si los quieres medio blandos o 7 minutos si los quieres duros.

Coloca dos rebanadas de tocino formando una cruz encima de cada tomate asado. Cuando los huevos estén cocidos, usa una cuchara ranurada para sacarlos con cuidado del agua, tocando la parte inferior de la cuchara en una toalla de papel para quitar el exceso de agua. Coloca el huevo sobre los montoncitos de jitomate y tocino. Sazona con sal y pimienta al gusto. Si quieres adorna con cebollino.

CADA PORCIÓN CONTIENE: 253 calorías, 23 g de proteína, 2 g de carbohidratos, 20 g de grasa total, 8 g de grasa saturada, 1 g de fibra y 950 mg de sodio.

HUEVOS RANCHEROS SOBRE QUESO BLANCO ASADO

TIEMPO DE PREPARACIÓN: 5 MINUTOS | TIEMPO TOTAL: 15 MINUTOS

Sirve para preparar 4 porciones

El queso blanco es firme, fresco y de sabor suave, de textura similar al queso de granja y se vende en la mayoría de los supermercados. Su particularidad es que se dora y ablanda sin derretirse ni perder la forma. No debe confundirse con el queso fresco, que es más bien desmenuzable, parecido al feta.

250 g	de queso blanco
2	cucharadas de mantequilla
4	huevos
¼	cucharadita de sal de mar

½	taza de salsa
1	aguacate grande, partido a la mitad, sin hueso, pelado y cortado en cubos

Cubre una sartén mediana con aceite de oliva en spray y calienta a fuego medio-alto. Añade las rebanadas de queso y fríe durante 2 minutos o hasta que estén doradas. Voltéalas y cocina por 1 minuto para dorar el otro lado. Pásalas a un plato cubierto con una toalla de papel.

Reduce la llama a fuego medio. Pon la mantequilla en la sartén. Cuando la mantequilla empiece a crepitar, parte los huevos en la sartén y cocínalos durante 4 minutos o hasta que las claras estén cocidas y las yemas al punto deseado. Sazona con sal.

Para armar el plato, pon primero las rebanadas de queso y los huevos fritos encima. Cubre con la salsa y el aguacate.

CADA PORCIÓN CONTIENE: 356 calorías, 19 g de proteína, 5 g de carbohidratos, 30 g de grasa total, 14 g de grasa saturada, 2 g de fibra y 682 mg de sodio.

REVUELTO MEDITERRÁNEO

TIEMPO DE PREPARACIÓN: 10 MINUTOS | **TIEMPO TOTAL:** 20 MINUTOS

Sirve para preparar 4 porciones

Para sacar provecho del carácter rico y completo de este saludable platillo mediterráneo de huevo, usa huevos de granja cuando sea posible. Los de yemas anaranjadas son los mejores porque tienen mucho sabor.

4	cucharadas de aceite de oliva virgen extra separadas	¼	taza de jitomates deshidratados, finamente picados
250 g	de salchicha italiana, cortada en rebanadas delgadas	¼	taza de aceitunas kalamata deshuesadas y rebanadas
1	cebolla pequeña, finamente picada	8	huevos
2	dientes de ajo picado	½	taza de queso feta desmoronado
1	lata (425g) de corazones de alcachofas, escurridos y cortados en cuatro		

En una sartén grande a fuego medio, calienta 2 cucharadas del aceite. Sofríe la salchicha durante 3 minutos o hasta que comience a dorarse. Añade la cebolla y el ajo y cocina, removiendo de vez en cuando, durante 3 minutos o hasta que la cebolla quede blanda y la salchicha ya no esté rosa.

Añade el resto del aceite, alcachofas, jitomates, aceitunas y revuelve. En un recipiente mediano bate los huevos y vacíalos en la sartén. Cocina durante 4 minutos moviendo ocasionalmente o hasta que los huevos se hayan cuajado. Retira del fuego y agrega el queso integrando con suavidad.

CADA PORCIÓN CONTIENE: 621 calorías, 27 g de proteína, 14 g de carbohidratos, 51 g de grasa total, 15 g de grasa saturada, 2 g de fibra y 1 467 mg de sodio.

MINIQUICHES LORRAINE

TIEMPO DE PREPARACIÓN: 5 MINUTOS | **TIEMPO TOTAL:** 25 MINUTOS

Sirve para preparar 2 porciones

Ésta es una interpretación excepcional sin trigo del "quiche". Es una variación del tradicional platillo francogermano que conserva el sabor y textura esenciales de la crema. Para preparar una versión sin lácteos, remplaza la crema con leche de coco.

60 g	de pancetta, cortada en cubos pequeños
2	cucharadas de harina de almendra
¼	cucharadita de polvo para hornear sin aluminio
2	huevos

⅓	taza de crema o leche condensada
2	cucharadas de cebollino o puntas de cebolleta, picados finamente
⅛	cucharadita de pimienta negra molida

Precalienta el horno a 177°C. Engrasa una bandeja o molde para 12 panquecillos pequeños.

En una sartén pequeña cocina la pancetta a fuego medio durante 5 minutos o hasta que esté ligeramente dorada.

En un recipiente pequeño, mezcla la harina de almendras y el polvo para hornear. En otro recipiente igual mezcla huevos, crema o leche condensada, cebollín y pimienta y bátelos un poco. Añade la mezcla de harina a la de huevo y revuelve hasta que quede uniforme. Reparte la pancetta entre los 12 espacios para panquecillos de la bandeja. Sirve la pasta dividiéndola de manera uniforme en los espacios del molde (deben quedar casi llenos).

Hornea durante 12 minutos o hasta que se inflen y estén un poco dorados. Deja enfriar durante 5 minutos sobre una rejilla. Retíralos del molde.

6 MINIQUICHES CONTIENEN: 351 calorías, 14 g de proteína, 3 g de carbohidratos, 32 g de grasa total, 14 g de grasa saturada, 1 g de fibra y 670 mg de sodio.

FRITTATA DE CHORIZO

TIEMPO DE PREPARACIÓN: 10 MINUTOS | TIEMPO TOTAL: 30 MINUTOS

Sirve para preparar 8 porciones

Usar un chorizo en esta receta evita el esfuerzo de añadir especias y sabores porque ¡ya están en el chorizo! Combina todo el sabor del chorizo con todo lo saludable de la col en una mezcla perfecta, sana y abundante. Prepara la frittata con anticipación, refrigérala y cómela en el transcurso de los días, así tendrás una semana entera de desayunos saludables.

2 cucharadas de aceite de coco	½ taza de tomates deshidratados, cortados en trozos
180 g de chorizo picado	½ taza de hongos baby bella
1 cebolla amarilla picada	10 huevos
2 dientes de ajo picados	½ cucharadita de sal de mar
250 g de col rizada fresca o congelada, descongelada y picada	

Precalienta el horno a 190°C.

En una sartén grande que se pueda meter al horno, calienta el aceite a fuego medio-alto. Sofríe el chorizo, la cebolla y el ajo durante 3 minutos o hasta que el chorizo casi no esté rosa y la cebolla empiece a ablandarse. Reduce la llama a fuego medio. Añade la col, los tomates y los hongos. Cubre y cocina, revolviendo de forma constante, durante 4 minutos o hasta que los hongos estén blandos.

Mientras, en un recipiente mediano, bate los huevos y la sal. Vacíalos en la sartén, inclinándola con cuidado para que el huevo se distribuya. Cocina durante 2 minutos o hasta que el fondo y los bordes de la mezcla de huevo estén ligeramente cocidas. Mételo al horno y déjalo 10 minutos. Sácalo cuando el centro esté cuajado.

CADA PORCIÓN CONTIENE: 247 calorías, 15 g de proteína, 7 g de carbohidratos, 18 g de grasa total, 8 g de grasa saturada, 1 g de fibra y 470 mg de sodio.

FRITTATA DE ESPÁRRAGOS Y CANGREJO

TIEMPO DE PREPARACIÓN: 10 MINUTOS | TIEMPO TOTAL: 30 MINUTOS

Sirve para preparar 8 porciones

¡Este es el desayuno más completo y nutritivo que encontrarás! Nada de los ingredientes chatarra del cereal: nada de azúcar, fécula de maíz, trigo; sólo comida saludable y que satisface sin efectos negativos para la salud.

- 8 huevos
- ¼ taza de crema o leche de coco (en lata o en cartón)
- 10 tallos de espárrago, rebanados en diagonal en segmentos de 2 cm
- 1 lata (180 g) de carne de cangrejo escurrida

- 4 cucharadas de aceite de oliva virgen extra, separadas
- 1 cebolla amarilla pequeña, finamente picada
- 2 dientes de ajo picados
- ½ cucharadita de sal de mar

Precalienta el horno a 190°C.

Bate los huevos en un recipiente grande. Añade la crema o leche de coco, los espárragos, la carne de cangrejo y dos cucharadas del aceite. Revuélvelo todo y reserva.

En una sartén grande y resistente al horno pon el resto del aceite (2 cucharadas) a fuego medio hasta que esté bien caliente. Asa la cebolla y el ajo durante 3 minutos o hasta que la cebolla se suavice. Espolvorea con la sal. Vacía en la sartén la mezcla de huevo reservada y revuelve para mezclarlo todo. Cocina durante 3 minutos o hasta que los bordes comiencen a quedar firmes. Llévalo al horno durante 10 minutos o hasta que insertes un cuchillo en el centro y salga limpio.

CADA PORCIÓN CONTIENE: 234 calorías, 10 g de proteína, 3 g de carbohidratos, 20 g de grasa total, 8 g de grasa saturada, 1 g de fibra y 290 mg de sodio.

CAZUELITAS DE HUEVO AL HORNO

TIEMPO DE PREPARACIÓN: 5 MINUTOS | **TIEMPO TOTAL:** 25 MINUTOS

Sirve para preparar 4 porciones

Este desayuno delicioso recién salido del horno combina lomo canadiense, queso cheddar y huevos. Si tienes a la mano un poco de Pan de sándwich (página 20), una rebanada tostada y untada con mantequilla ¡sería ideal!

8 rebanadas de lomo canadiense

½ taza de queso cheddar rallado

8 huevos

2 cucharadas de cebollín o puntas de rabo de cebolla cambray, finamente picados (opcional)

Precalienta el horno a 177°C. Cubre 8 moldes para muffin con una capa fina de aceite o spray.

Recubre cada molde con una rebanada de lomo canadiense. Coloca una cucharada de queso al fondo de cada uno. Con cuidado parte un huevo dentro de cada molde.

Hornea durante 15 minutos o hasta que el huevo esté apenas cocido, que las claras se hayan puesto blancas pero que las yemas estén blandas todavía. Si deseas, adorna con un poco de cebollino. Déjalo reposar 5 minutos antes de sacarlo del molde y servir.

CADA PORCIÓN CONTIENE: 247 calorías, 22 g de proteína, 1 g de carbohidratos, 16 g de grasa total, 7 g de grasa saturada, 0 g de fibra y 499 mg de sodio.

PASTELES DE CANGREJO

TIEMPO DE PREPARACIÓN: 5 MINUTOS | TIEMPO TOTAL: 15 MINUTOS

Sirve para preparar 4 porciones

Estos sencillos pasteles de cangrejo ayudan a darle vida a los huevos fritos y añaden salud y nutrición incorporando los productos del mar al desayuno.

En lugar del Sazonador italiano (página 56) se puede poner ½ cucharadita de orégano seco y ½ cucharadita de albahaca seca.

1 lata (180 g) de carne de cangrejo, drenada	5 huevos
¼ taza de semillas molidas de lino dorado	2 cucharaditas de aceite de oliva virgen extra
1 cucharadita de Sazonador italiano (página 56)	½ cucharadita de sal de mar
	2 cucharadas de mantequilla

Precalienta el horno a 190°C.

En un recipiente mediano revuelve la carne de cangrejo, las semillas de lino y el sazonador. Añade un huevo, aceite, sal y bátelo todo.

Divide en cuatro tartas de poco más de 7 cm y colócalas en un molde para hornear que no sea muy profundo. Hornea durante 10 minutos o hasta que estén cocidas y un poco firmes.

Mientras tanto, derrite la mantequilla en una sartén grande a fuego medio-alto. Parte los 4 huevos restantes y fríelos durante 2 minutos o hasta que las claras comiencen a cuajar. Voltea los huevos y cocínalos otros dos minutos o hasta que las yemas estén cocidas.

Coloca cada pastel de cangrejo en un plato y cúbrela con un huevo frito.

CADA PORCIÓN CONTIENE: 228 calorías, 17 g de proteína, 17 g de grasa total, 6 g de grasa saturada, 2 g de fibra y 504 mg de sodio.

HOT CAKES DE NUEZ PECANA Y CALABAZA

TIEMPO DE PREPARACIÓN: 5 MINUTOS | **TIEMPO TOTAL:** 20 MINUTOS

Sirve para preparar 8 panques

Puedes servirlos aromáticos y esponjosos con crema batida, mantequilla de calabaza o mermelada de frutillas sin azúcar añadida. ¡Acompañados de tocino o salchicha son el desayuno perfecto!

- 1 cucharadita de canela molida
- ½ cucharadita de nuez moscada
- ¼ taza de pecanas, finamente picadas
- Endulzante equivalente a ¼ taza de azúcar
- 1 cucharadita de bicarbonato de sodio

- 1 taza de mantequilla de almendras derretida
- 1 taza de puré de calabaza
- 1 cucharadita de extracto de vainilla
- 2 huevos

Precalienta el horno a 177°C. Cubre un molde para hornear con papel vegetal.

En un recipiente grande combina canela, nuez moscada, pecanas, endulzante y bicarbonato de sodio, mezcla todo muy bien. Agrega la mantequilla de almendras, la calabaza y la vainilla. Bate los huevos en un recipiente pequeño y añádelos a la mezcla.

Para cada hot cake, coloca 1/3 de taza de pasta en el molde. Déjalo en el horno durante 12 minutos o hasta que esté consistente al tacto y salga limpio un palillo insertado en el centro.

CADA PANQUEQUE CONTIENE: 246 calorías, 9 g de proteína, 9 g de carbohidratos, 21 g de grasa total, 3 g de grasa saturada, 5 g de fibra y 248 mg de sodio.

PASTELES DE PAN DE JENGIBRE

TIEMPO DE PREPARACIÓN: 5 MINUTOS | TIEMPO TOTAL: 25 MINUTOS

Sirve para preparar 6 pasteles

Estos pasteles saben a galletas de jengibre y les encantarán a los niños pequeños. ¡Pensarán que desayunan el postre! Además, como no tienen trigo ni azúcar, no presentan desventajas nutricionales.

Úntales queso crema, mantequilla o Mermelada de ciruela y chía (página 51).

2 tazas de Harina multiusos para hornear (página 19)

1 cucharadita de polvo para hornear sin aluminio

1 cucharadita de jengibre molido

¾ cucharadita de canela molida

¾ cucharadita de nuez moscada

¼ cucharadita de clavo molido

Endulzante equivalente a ½ taza de azúcar

1 cucharadita de jugo de limón

¼ taza de agua tibia

1 cucharada de melaza

1 huevo batido

Precalienta el horno a 177°C. Cubre una bandeja para hornear con papel vegetal.

En un recipiente, combina la harina, el polvo para hornear, el jengibre, la canela, la nuez moscada, el clavo y el endulzante. Revuelve todo muy bien.

En un recipiente pequeño, mezcla el jugo de limón y agua. Sirve ahí la mezcla seca, agrega la melaza y revuelve. Espera un minuto y luego añade el huevo.

Sirve la masa en 6 montoncitos sobre la bandeja para hornear, presionándolos para aplanarlos hasta que tengan 2 cm de espesor. Hornea durante 15 minutos o hasta que salga limpio un palillo insertado en el centro.

CADA PASTEL CONTIENE: 236 calorías, 9 g de proteína, 13 g de carbohidratos, 18 g de grasa total, 2 g de grasa saturada, 6 g de fibra y 270 mg de sodio.

HOT CAKES DÓLAR DE PLATA

TIEMPO DE PREPARACIÓN: 5 MINUTOS | **TIEMPO TOTAL:** 25 MINUTOS

Sirve para preparar 24 porciones

Estos hot cakes son un poco dulces y quedan deliciosos con o sin jarabe.

Las harinas de almendra y de coco sin trigo tienen una consistencia más frágil, así que los panques pequeños quedan mejor. Recomendamos que sean de 7 cm de diámetro.

¼ taza de harina de almendra	3 huevos
¼ taza de harina de coco	½ taza de puré de manzana sin azúcar añadida
1 cucharadita de bicarbonato de sodio Endulzante equivalente a 1 cucharada de azúcar	5 cucharadas de agua
¼ taza de nueces, finamente picadas	2 cucharadas de mantequilla o aceite de coco derretidos o aceite de oliva extralight
½ cucharadita de canela molida	

Revuelve en un recipiente mediano harina de almendra y de coco, bicarbonato de sodio, endulzante, nueces y canela.

En un recipiente grande, bate los huevos, el puré de manzana, el agua y la mantequilla o aceite. Añade esta mezcla a la de harina y revuélvelos hasta que se combinen bien.

Engrasa ligeramente una sartén o plancha y ponla a fuego medio-bajo hasta que esté caliente. Para cada panque de 7 cm, vierte una cucharada de masa en la sartén. Cocina durante 2 minutos o hasta que se formen burbujitas en la superficie y los bordes estén cocidos y ligeramente dorados. Voltéalos con cuidado durante 2 minutos o hasta que la parte de abajo esté dorada. Repite lo mismo con el resto de la masa.

6 PANQUEQUES CONTIENEN: 236 calorías, 8 g de proteína, 10 g de carbohidratos, 19 g de grasa total, 6.5 g de grasa saturada, 4 g de fibra y 438 mg de sodio.

PAY DE QUESO DE DESAYUNO

TIEMPO DE PREPARACIÓN: 10 MINUTOS
TIEMPO TOTAL: 30 MINUTOS + TIEMPO PARA ENFRIAR

Sirve para preparar 8 porciones

Sí, ¡pay de queso para el desayuno! Si la haces con anticipación, esta receta sencilla y ligera será una manera especial de comenzar el día. Como está hecho de ricota en lugar de queso crema, este pay de queso de desayuno tiene una textura más ligera que la normal. Y no sólo sirve para el desayuno; también para preparar un postre ligero.

Si quieres, encima le puedes poner Glaseado de fresa (página 216) o Mermelada de ciruela y chía (página 51).

1 taza de queso ricota, a temperatura ambiente

½ taza de harina de coco

Endulzante equivalente a ¼ de taza de azúcar

½ taza de ralladura de coco sin azúcar

4 cucharaditas de jugo de limón

4 huevos, claras y yemas separadas

1 cucharadita de extracto de vainilla

Precalienta el horno a 190°C Engrasa una bandeja de 23 x 23 cm.

En un recipiente mediano coloca el queso, la harina, el endulzante, el jugo de limón, las yemas de huevo y la vainilla.

En otro recipiente mediano, bate las claras con una batidora eléctrica a velocidad alta hasta que se formen picos. Con la misma batidora revuelve la mezcla de queso hasta que quede suave y homogénea. Agrega las claras batidas haciendo movimientos envolventes con una cuchara para que se combinen bien.

Sirve la masa en la bandeja. Hornea durante 20 minutos o hasta que los bordes comiencen a dorarse y salga limpio un palillo insertado en el centro. Déjala enfriar un poco antes de servir.

CADA PORCIÓN CONTIENE: 122 calorías, 8 g de proteína, 5 g de carbohidratos, 7 g de grasa total, 4.5 g de grasa saturada, 3 g de fibra y 77 mg de sodio.

GALLETAS DE DESAYUNO

TIEMPO DE PREPARACIÓN: 5 MINUTOS | TIEMPO TOTAL: 20 MINUTOS

Sirve para preparar 4 galletas

Normalmente "galletas" y "desayuno" no se mezclan… ¡a menos que remplaces todos los ingredientes no saludables con ingredientes nutritivos! Como estas galletas están hechas principalmente de nueces, coco, huevo y manzana, son muy buenas y adecuadas para cualquier desayuno.

Yo uso manzanas secas para darle un toque dulce. Es una forma de agregar un poco de endulzante natural pero con menos azúcar añadida que otros frutos secos, como las pasas o los dátiles.

2 tazas de Harina multiusos para hornear (página 19)	½ taza de nueces picadas
1 cucharadita de canela molida	½ taza de manzanas secas picadas
¼ cucharadita de sal de mar	½ taza de yogur griego de leche entera, sin azúcar
Endulzante equivalente a ½ taza de azúcar	2 cucharadas de mantequilla derretida
½ taza de copos de coco sin azúcar	1 huevo
	1 cucharadita de extracto de vainilla

Precalienta el horno a 190°C. Cubre una bandeja para hornear con papel vegetal.

En un recipiente grande, mezcla harina, canela, sal, endulzante, coco, nueces y manzanas secas.

En un recipiente pequeño, mezcla el yogur y la mantequilla. Agrega el huevo y la vainilla y revuelve bien. Añade la mezcla de harina y revuelve hasta que todo quede bien combinado. La masa quedará espesa. Forma bolitas (de tres cucharadas de masa cada una) y colócalas en la bandeja. Humedece tus manos para aplanar las bolitas con la palma hasta que tengas poco más de 1 cm de espesor o usa el reverso de una cuchara grande.

Hornea durante 13 minutos o hasta que estén doradas. Las galletas quedarán blandas. Déjalas enfriar un poco ante de pasarlas a una rejilla para que terminen de enfriarse.

CADA GALLETA CONTIENE: 204 calorías, 7 g de proteína, 10 g de carbohidratos, 17 g de grasa total, 4.5 g de grasa saturada, 4 g de fibra y 160 mg de sodio.

BOLLOS DE CANELA Y PECANAS

TIEMPO DE PREPARACIÓN: 10 MINUTOS
TIEMPO TOTAL: 25 MINUTOS + TIEMPO PARA ENFRIAR

Sirve para preparar 4 bollos

Prepara una o dos hornadas de estos Bollos de canela y pacanas y tendrás un desayuno rápido, saludable y sustancioso para toda la semana. Si quieres, puedes agregarles Mermelada de ciruela y chía (página 51).

2 tazas de Harina multiusos para hornear (página 19)	Endulzante equivalente a ¼ taza de azúcar
3 cucharadas de harina de coco	¼ de nueces pecanas picadas
½ cucharadita de sal de mar	¼ de suero de leche o leche de coco enlatada
1½ cucharaditas de canela molida	1 huevo
¼ taza de aceite de coco, frío	

Precalienta el horno a 177°C. Cubre una bandeja para hornear con papel vegetal.

En un recipiente grande, mezcla harinas, sal y canela. Con un cortamasas, corta el aceite incorporándolo a la mezcla de harina durante un minuto o hasta que se haya unificado todo y la mezcla parezca arena húmeda. Añade el endulzante, las pecanas, el suero o la leche de coco y el huevo, revolviendo hasta que quede todo mezclado. La masa va a ser espesa y consistente.

Usa una cuchara para galletas o una cuchara normal para formar 8 bolitas. Colócalas en la bandeja a 5 cm de distancia. Aplánalas con tus manos o con una cuchara hasta que tengan poco más de 1 cm de espesor. Hornea durante 13 minutos o hasta que los bordes estén ligeramente dorados. Pásalas a una rejilla y déjalas enfriar durante 5 minutos.

CADA BOLLO CONTIENE: 265 calorías, 8 g de proteína, 10 g de carbohidratos, 24 g de grasa total, 8 g de grasa saturada, 6 g de fibra y 258 mg de sodio.

PANECILLOS DE PESTO

TIEMPO DE PREPARACIÓN: 5 MINUTOS | **TIEMPO TOTAL:** 20 MINUTOS

Sirve para preparar 4 panecillos

Acompañando a unos huevos revueltos o fritos, estos sabrosos panecillos hacen un desayuno saludable, complétalo con aceite de oliva, nueces y queso. Si no tienes tiempo de preparar pesto casero, puedes sustituirlo con el de tu marca comercial preferida.

1 taza de Harina multiusos para hornear (página 19)	2 cucharadas de queso parmesano rallado
½ taza de harina de coco	¼ taza de agua
2 cucharadas de semillas de lino molidas	1 cucharada de vinagre
1 cucharadita de polvo para hornear sin aluminio	1 huevo
	2-4 cucharadas de Pesto de albahaca (página 31)

Precalienta el horno a 190°C. Cubre una bandeja para hornear con papel vegetal.

En un recipiente mediano, revuelve la harina multiusos, la de coco, las semillas de lino, el polvo para hornear y el queso. Agrega agua y vinagre y déjalo reposar durante un minuto.

Añade el huevo y el pesto mezclando todo bien. La masa quedará muy espesa.

Coloca la masa en la bandeja en montoncitos de poco más de ½ cm de grosor. Hornea durante 15 minutos o hasta que estén firmes al tacto.

CADA PANECILLO CONTIENE: 305 calorías, 12 g de proteína, 17 g de carbohidratos, 23 g de grasa total, 5 g de grasa saturada, 11 g de fibra y 369 mg de sodio.

PANECILLOS A LAS HIERBAS CON SALSA DE CARNE

TIEMPO DE PREPARACIÓN: 10 MINUTOS | TIEMPO TOTAL: 25 MINUTOS

Sirve para preparar 10 porciones

Panecillos y salsa de carne: nada mejor para consentirse... ¡y creías que no lo volverías a comer!

Recreamos este platillo tradicional de desayunos o comidas de fiesta con una salsa de carne deliciosa que puedes servir sobre panecillos calientes. Como no contiene trigo ni espesantes dañinos, como fécula de maíz, con esta receta no tendrás problemas de insulina o azúcar en la sangre, ni dolor de articulaciones, edema, reflujo ácido, mente "nublada" o caspa. ¡La vida es bella sin trigo!

La salsa no tiene lácteos para los que tienen intolerancia a la lactosa, pero los panecillos sí ya que contienen tanto queso como mantequilla. Para hacer panecillos sin lácteos omite el queso y cambia la mantequilla por aceite de coco, de oliva extralight o de nuez.

PANECILLOS

- 1 taza de queso cheddar rallado
- 2 tazas de Harina multiusos para hornear (página 19)
- 1 cucharadita de albahaca seca
- 1 cucharadita de romero seco, machacado
- ¾ cucharadita de bicarbonato de sodio
- ½ cucharadita de sal de mar
- 2 huevos
- ½ taza de mantequilla o aceite de coco derretido o aceite de oliva virgen extra

SALSA DE CARNE

- 2 cucharadas de aceite de oliva virgen extra
- 1 libra de salchicha, molida y desmenuzada (sin embutir)
- 1¾ tazas de caldo de res
- ¼ taza de harina de coco
- ¼ taza de leche de coco enlatada
- ½ cucharadita de cebolla en polvo
- ½ cucharadita de ajo en polvo
- 12 cucharaditas de sal de mar

Precalienta el horno a 190°C. Cubre una bandeja para hornear con papel vegetal.

Para hacer los panecillos: En un cortador o procesador de alimentos, pica el queso hasta lograr una consistencia granulada fina. Pásalo a un recipiente grande y agrega Harina multiusos, albahaca, romero, bicarbonato de sodio y sal. Mezcla bien. Añade los huevos y la mantequilla o el aceite y revuelve todo. La masa quedará espesa.

Distribuye la masa en 10 bolitas de 10 cm y colócalas en la bandeja. Hornea durante 10 minutos o hasta que estén levemente dorados y salga limpio un palillo insertado al centro del panecillo.

Para hacer la salsa de carne: Mientras los panecillos están en el horno, calienta el aceite en una sartén grande a fuego medio. Sofríe la salchicha durante 8 minutos, desmoronándola conforme se cocine hasta que no quede carne rosada. Ponla en un plato y resérvala.

Regresa la sartén al fuego y sube la llama a media-alta. Calienta el caldo hasta que esté a punto de hervir. Reduce el fuego a medio-bajo. Agrega la harina, batiéndola mientras la sirves, una cucharadita a la vez, durante 5 minutos (detente cuando la salsa tenga la consistencia deseada). Añade la leche de coco y revuélvela bien. Agrega el polvo de cebolla y de ajo y la sal. Vacía la salchicha que habías reservado en la sartén y déjalo cocinarse a fuego lento durante 5 minutos. Sazona con sal adicional al gusto.

Vierte la salsa de carne sobre los panecillos justo antes de servir.

CADA PORCIÓN CONTIENE: 457 calorías, 17 g de proteínas, 8 g de carbohidratos, 41 g de grasa total, 15 g de grasa saturada, 5 g de fibra y 976 mg de sodio.

PANECILLOS DE FRESA Y COCO

TIEMPO DE PREPARACIÓN: 10 MINUTOS | **TIEMPO TOTAL:** 30 MINUTOS

Sirve para preparar 20 panecillos

Está bien, puede que me haya pasado un poquito del límite de los 30 minutos con esta receta… ¡pero vale la pena! Estos panecillos están superricos, se deshacen en la boca y su cubierta es parecida al streusel. ¡Sin duda tu familia va a disculpar unos 5 minutos extra!

¼ taza de semillas de lino molidas	1 cucharadita de bicarbonato de sodio
¾ taza de agua fría	¼ cucharadita de sal de mar
1 taza de harina de coco	¾ taza de fresas, finamente picadas
½ taza de coco rallado, sin azúcar	½ taza de aceite de coco derretido
Endulzante equivalente a 2 cucharadas de azúcar	1 huevo

Precalienta el horno a 190°C. Cubre una bandeja para hornear con papel vegetal.

Pon las semillas de lino con el agua en una taza o recipiente pequeño y revuelve un poco. Ponlo en el congelador durante 5 minutos.

Mientras, en un recipiente grande, mezcla harina, coco, bicarbonato de sodio, sal y fresas. Revuelve todo. Añade el aceite y mézclalo bien.

Saca las semillas de lino del congelador y agrega el huevo mientras lo bates. Incorpora esta mezcla a la de la harina. La masa va a quedar un poco espesa. Usa una cuchara para poner la masa en bolitas sobre la bandeja.

Hornea durante 17 minutos o hasta que salga limpio un palillo insertado en el centro del panecillo.

CADA PORCIÓN CONTIENE: 101 calorías, 2 g de proteína, 5 g de carbohidratos, 9 g de grasa total, 7 g de grasa saturada, 3 g de fibra y 99 mg de sodio.

PARFAIT DE FRESA Y CREMA DE CACAHUATE

TIEMPO DE PREPARACIÓN: 10 MINUTOS | **TIEMPO TOTAL:** 10 MINUTOS

Sirve para preparar 4 porciones

El sabor de estos parfaits se parece al de los sándwiches de crema de cacahuate y mermelada de fresa. Se pueden hacer con anticipación sin problemas y llevarlos en un contenedor para comer en el camino o como almuerzo para la escuela.

2   tazas de yogur griego de leche entera, sin azúcar

¼   taza de crema de cacahuate natural, sin azúcar añadida

¼   taza de crema
     Endulzante equivalente a ¼ taza de azúcar

1   cucharadita de extracto de vainilla

2   cucharadas de semillas molidas de lino

1   taza de fresas rebanadas

¼   taza de cacahuate ligeramente salado, tostado y picado

En un recipiente mediano, mezcla el yogur y la crema de cacahuate, revolviendo bien hasta que quede homogéneo. Agrega la crema, el endulzante, la vainilla y las semillas de lino y mezcla todo. En dos recipientes pequeños o copas para parfait, sirve una cuarta parte de la mezcla de yogur y cúbrela con la mitad de las fresas. Reparte el resto de la mezcla de yogur entre las demás copas. Cubre con las fresas restantes y el cacahuate.

CADA PORCIÓN CONTIENE: 301 calorías, 18 g de proteína, 15 g de carbohidratos, 19 g de grasa total, 5 g de grasa saturada, 4 g de fibra y 127 mg de sodio.

LICUADOS DE KÉFIR

Cada receta sirve para preparar 1¼ tazas aproximadamente. Por supuesto que todas las recetas pueden duplicarse o triplicarse para hacer porciones extras que duren varios días en el refrigerador.

TIEMPO DE PREPARACIÓN: 5 MINUTOS | TIEMPO TOTAL: 5 MINUTOS

KID-FRIENDLY

LICUADO DE PIÑA COLADA

Sirve para preparar 1 porción

Esta receta es un desayuno o almuerzo saludable. Los sabores tropicales de este licuado de piña colada convencen a cualquier cónyuge o hijo de que el estilo de vida sin trigo ¡es tan interesante como uno con trigo! Si deseas, puedes agregarle semillas de calabaza (pepitas), semillas de girasol o pistaches tostados.

¾ taza de kéfir o yogur de leche entera	3 cucharadas de coco rallado, sin azúcar
2 cucharadas de piña machacada, sin azúcar	Endulzante (opcional)

En un vaso grande, mezcla el kéfir o el yogur, la piña, el coco y el endulzante (si lo deseas). Revuelve bien.

CADA PORCIÓN CONTIENE: 247 calorías, 8 g de proteína, 16 g de carbohidratos, 17 g de grasa total, 3 g de fibra y 90 mg de sodio.

LICUADO DE PAY DE MANZANA

Sirve para preparar 1 porción

Con todos los sabores de una rebanada de pay de manzana recién horneada, este licuado puede servirse como desayuno, como una cubierta deliciosa para el helado de vainilla o como un postre sencillo.

1 taza de kéfir o yogur de leche entera

2 cucharadas de manzana, finamente picada

Endulzante equivalente a 2 cucharadas de azúcar

¼ cucharadita de canela molida

¼ cucharadita de nuez moscada

En un vaso grande, mezcla kéfir o yogur, manzana, endulzante, canela y nuez moscada. Revuelve bien.

CADA PORCIÓN CONTIENE: 162 calorías, 9 g de proteína, 14 g de carbohidratos, 8 g de grasa total, 5 g de grasa saturada, 1 g de fibra y 113 mg de sodio.

LICUADO DE COCO Y CHOCOLATE

Sirve para preparar 1 porción

Si te gusta el chocolate sin coco omite el coco. Agregué el extracto de menta para los amantes de la menta, pero es opcional. Para un licuado elegante, agrega unas chispitas de chocolate.

1 taza de kéfir o yogur de leche entera	Endulzante equivalente a 2 cucharadas de azúcar
2 cucharadas de coco rallado, sin azúcar	3 gotas de extracto de menta (opcional)
2 cucharadas de cacao en polvo, sin azúcar	

En un vaso grande, mezcla el kéfir o yogur, coco, cacao, endulzante y extracto de menta (si quieres). Revuelve bien.

CADA PORCIÓN CONTIENE: 238 calorías, 10 g de proteína, 16 g de carbohidratos, 16 g de grasa total, 11 g de grasa saturada, 3 g de fibra y 117 mg de sodio.

MUFFINS RÁPIDOS

La receta de estos muffins rápidos es para una porción que se prepara en una taza o molde de soufflé. Como se pueden cocinar en el microondas, el proceso completo tarda unos 5 minutos y combinan bien con las prisas de la mañana para un desayuno rápido y saludable. Si deseas, estos muffins rápidos también se pueden hacer en el horno convencional usando un molde de soufflé resistente a altas temperaturas. Hornea a 190°C durante 25 minutos o hasta que salga limpio un palillo insertado en el centro. Y como siempre, prueba la masa antes de meterla al horno para verificar la cantidad de dulce y ajustar si es necesario.

KID-FRIENDLY

MUFFIN RÁPIDO DE MANZANA CON ESPECIAS

TIEMPO DE PREPARACIÓN: 5 MINUTOS | **TIEMPO TOTAL:** 5 MINUTOS

Sirve para preparar 1 muffin

Este muffin básico puede hacerse más especiado añadiendo 1/8 de cucharadita de clavo, manzanas finamente picadas y más puré de manzana, en especial si no te preocupa la exposición a los carbohidratos (como en el caso de los niños o los atletas formales).

- ½ taza de Harina multiusos para hornear (página19)
- ¼ cucharadita de canela molida
- ⅛ cucharadita de nuez moscada molida
- Endulzante equivalente a 1 cucharada de azúcar

- 1 pizca de sal de mar
- 1 huevo
- 2 cucharadas de puré de manzana sin azúcar
- 1 cucharada de mantequilla derretida

En un recipiente mediano, revuelve harina, canela, nuez moscada, endulzante y sal. Añade el huevo batiéndolo. Agrega el puré y la mantequilla y mézclalo bien. Usa una espátula de silicona para vaciar toda la mezcla en una taza grande o un molde de soufflé para poco más de 300 g.

Cocina en el microondas a potencia alta durante 2 minutos o hasta que salga limpio un palillo insertado al centro. Deja enfriar durante 5 minutos.

CADA MUFFIN CONTIENE: 506 calorías, 19 g de proteína, 19 g de carbohidratos, 43 g de grasa total, 11 g de grasa saturada, 10 g de fibra y 644 mg de sodio.

MUFFIN RÁPIDO DE TRES FRUTILLAS

TIEMPO DE PREPARACIÓN: 5 MINUTOS | TIEMPO TOTAL: 5 MINUTOS

Sirve para preparar 1 muffin

Estos muffins rápidos y sencillos están llenos de ingredientes saludables: nueces, frutillas, bastantes proteínas y grasas buenas. Para darles un toque crujiente, considera agregarles pistaches tostados (sin sal) o trocitos de nueces, anacardos o nueces pecanas.

½ taza de Harina multiusos para hornear (página 19)

¼ cucharadita de canela molida

Endulzante equivalente a 1 cucharada de azúcar

1 pizca de sal de mar

1 huevo

2 cucharadas de leche

1 cucharada de mantequilla derretida

¼ taza de frutillas variadas, frescas o congeladas

En un recipiente mediano, mezcla harina, canela, endulzante y sal. Agrega el huevo batiéndolo. Añade leche, mantequilla y frutillas y revuelve bien. Con una espátula de silicona, vierte toda la mezcla en una taza grande o un molde de soufflé para aproximadamente 300 g.

Cocina en el microondas a potencia alta durante 2 minutos o hasta que salga limpio un palillo insertado al centro. (Si usas frutillas frescas, cocina durante 1½ minutos). Deja enfriar durante 5 minutos.

CADA MUFFIN CONTIENE: 526 calorías, 20 g de proteína, 21 g de carbohidratos, 44 g de grasa total, 11 g de grasa saturada, 11 g de fibra y 558 mg de sodio.

MUFFIN RÁPIDO DE CHOCOLATE Y COCO

TIEMPO DE PREPARACIÓN: 5 MINUTOS | **TIEMPO TOTAL:** 5 MINUTOS

Sirve para preparar 1 muffin

Si quieres un muffin más rico, aunque con más carbohidratos y azúcar (por ejemplo, para niños), añade una cucharada de chispas de chocolate amargo antes de meter al microondas o cubre con virutas de chocolate después de cocinar.

½ taza de Harina multiusos para hornear (página 19)

2 cucharaditas de cacao en polvo, sin azúcar

1 cucharada de coco rallado, sin azúcar

¼ cucharadita de canela molida

Endulzante equivalente a 2 cucharadas de azúcar

1 pizca de sal de mar

1 huevo

2 cucharadas de leche

1 cucharada de mantequilla derretida

En un recipiente mediano, mezcla harina, cacao, coco, canela, endulzante y sal. Añade el huevo y bate. Agrega la leche, la mantequilla y mezcla bien. Con una espátula de silicona, vierte toda la mezcla en una taza grande o un molde de soufflé para poco más de 300 g.

Cocina en el microondas a potencia alta durante 2 minutos o hasta que salga limpio un palillo insertado al centro. Deja enfriar durante 5 minutos.

CADA MUFFIN CONTIENE: 554 calorías, 20 g de proteína, 19 g de carbohidratos, 48 g de grasa total, 14 g de grasa saturada, 11 g de fibra y 553 mg de sodio.

COPAS DE FRUTA DE PAY DE QUESO
CON MORAS AZULES

TIEMPO DE PREPARACIÓN: 10 MINUTOS | TIEMPO TOTAL: 10 MINUTOS

Sirve para preparar 4 porciones

¿Hay alguien que no quiera desayunar pay de queso con moras azules?

Recuerda: en el estilo de vida sin trigo, los ingredientes problemáticos se remplazan con ingredientes saludables. Esto quiere decir que platillos como estas simples copas de fruta de tarta de queso se pueden servir como un desayuno nutritivo.

1 taza de crema espesa	½ cucharadita de extracto de limón
250 g de queso crema, suavizado	½ taza de yogur griego de leche entera
Endulzante equivalente a ⅓ taza de azúcar o al gusto	1 taza de moras azules
	½ taza de nueces picadas

En un recipiente mediano y frío, mezcla la crema con una batidora eléctrica de 3 a 4 minutos o hasta que se formen picos. Reserva.

En otro recipiente mediano bate el queso crema con la misma batidora durante 1 minuto o hasta que esté cremoso. Añade el endulzante, el extracto de limón y el yogur y bate durante otro minuto o hasta que esté todo mezclado. Incorpora con cuidado la crema batida con movimientos envolventes para que forme una mezcla homogénea. Agrega las moras y las nueces con los mismos movimientos.

Distribuye en 4 copas de parfait o en tazones. Sirve de inmediato o si quieres, métalo al refrigerador para que se endurezca.

CADA PORCIÓN CONTIENE: 531 calorías, 12 g de proteína, 12 g de carbohidratos, 51 g de grasa total, 25 g de grasa saturada, 2 g de fibra y 200 mg de sodio.

MEZCLA DE FRUTOS SECOS PARA EL DESAYUNO

TIEMPO DE PREPARACIÓN: 10 MINUTOS
TIEMPO TOTAL: 20 MINUTOS + TIEMPO PARA ENFRIAR

Sirve para preparar 9 porciones

Aquí tienes la alternativa al desayuno de cereal, sólo que esta combinación ¡no tiene *ninguno* de los problemas de los cereales que llenan los pasillos del supermercado! Sirve esta mezcla de frutos secos con un poco de leche, leche de coco o de almendras, fría o caliente. Termina con ¼ de taza por porción de granada fresca, seca o cualquier otra frutilla deshidratada.

Yo uso el azúcar moderado de los frutos como las pasas. Si vas a servir granola a tus hijos y la prefieren más dulce, agrega un poquito de stevia u otro endulzante. Usar pasas te permite minimizar el uso de endulzante.

¼ taza de pasas	2 tazas de semillas de girasol crudas
½ taza de leche de coco	2 tazas de semillas de calabaza crudas (pepitas)
2 cucharadas de aceite de coco derretido	1 taza de nueces pecanas crudas, picadas
1 cucharadita de extracto de vainilla	1 taza de almendras rebanadas
½ cucharadita de extracto de almendras	2 tazas de copos de coco sin azúcar

Precalienta el horno a 177°C.

En un picador o procesador de alimentos, pica las pasas hasta reducirlas a una pasta. Colócalas en un recipiente pequeño y agrega la leche de coco y el aceite. Mezcla todo bien. Añade la vainilla y extracto de almendras y revuelve. Reserva.

En un recipiente grande, mezcla semillas de girasol, de calabaza, pacanas, almendras y coco. Agrega esta mezcla a la de pasas y revuelve hasta que esté todo bien combinado. Extiende en una bandeja para hornear grande y métela al horno. Revuelve la granola una vez mientras se cocina. Hornea durante 15 minutos o hasta que esté ligeramente dorado. Saca y deja enfriar.

CADA ½ TAZA CONTIENE: 329 calorías, 9 g de proteína, 11 g de carbohidratos, 28 g de grasa total, 11 g de grasa saturada, 4 g de fibra y 7 mg de sodio.

PLATILLOS LIGEROS Y GUARNICIONES

CREMA DE HONGOS CON CEBOLLÍN

TIEMPO DE PREPARACIÓN: 10 MINUTOS | **TIEMPO TOTAL:** 30 MINUTOS

Sirve para preparar 8 porciones

Esta crema de hongos sin trigo y sin lácteos, es una comida sustanciosa por sí sola. También sirve para acompañar platillos de carne de cerdo, pollo o res.

Si no tienes problema con los lácteos, puedes sustituir el aceite de oliva con mantequilla y la leche de coco con crema (ya sea leche condensada o leche entera).

2	cucharadas de aceite de oliva virgen extra
1	cebolla amarilla finamente picada
2	dientes de ajo picados
480 g	de hongos baby bella, cremini o champiñón botón, picados en trozos grandes

1	cucharadita de sal de mar (o al gusto)
½	cucharadita de pimienta negra molida
3	tazas de caldo de pollo
1	lata (420 g) de leche de coco
2	cucharadas de cebollín fresco picado

En una sartén grande, calienta el aceite a fuego medio-alto. Fríe la cebolla durante 3 minutos o hasta que esté blanda. Agrega el ajo y cocina 1 minuto más. Añade los hongos, la sal y la pimienta. Reduce la llama a fuego medio, tapa la sartén y déjalo cocer 5 minutos o hasta que se ablanden los hongos.

Agrega el caldo de pollo y la leche de coco. Deja hervir la mezcla a fuego lento por 3 minutos.

Vacía en la licuadora y muele hasta que esté suave, sin grumos (en partes, si fuera necesario). Sírvela adornada con algo de cebollín.

CADA PORCIÓN CONTIENE: 181 calorías, 5 g de proteína, 8 g de carbohidratos, 15 g de grasa total, 10 g de grasa saturada, 2 g de fibra y 338 mg de sodio.

SOPA DE COLIFLOR AL CURRY

TIEMPO DE PREPARACIÓN: 5 MINUTOS | **TIEMPO TOTAL:** 30 MINUTOS

Sirve para preparar 4 porciones

Al igual que la mayoría de los platillos de nuestro mundo sin trigo, esta sopa es muy sustanciosa. La rica y espesa sopa de coliflor, con el sabor del curry, te calentará y dejará satisfecho. Puedes comerla sola o acompañada de sándwiches, panecillos o una ensalada verde.

2 cucharadas de aceite de oliva virgen extra

1 cebolla grande partida a la mitad, cortada en rodajas

1 coliflor grande, picada

2 cucharadas de curry

1 cucharadita de comino molido

¼ cucharadita de sal de mar

4 tazas de caldo de pollo

1 taza de crema espesa para batir o de leche de coco enlatada

En una cacerola grande a fuego medio-alto, calienta el aceite. Añade la cebolla y la coliflor y cocina por 10 minutos o hasta que se dore. Agrega el curry en polvo, el comino y la sal. Déjalo al fuego durante 1 minuto. Agrega 2 tazas de caldo y mantenlo a fuego medio-alto para que hierva. Reduce la llama, tápalo y cocínalo durante 8 minutos o hasta que la coliflor esté tierna.

Vacía la mezcla en la licuadora y revuelve hasta que esté suave (en partes si fuera necesario). Regrésala a la cacerola con la crema o la leche de coco y las 2 tazas de caldo restante. Revuelve bien. Cuece durante 5 minutos más.

CADA PORCIÓN CONTIENE: 370 calorías, 11 g de proteína, 19 g de carbohidratos, 30 g de grasa total, 15 g de grasa saturada, 6 g de fibra y 618 mg de sodio.

SOPA DE JITOMATE E HINOJO

TIEMPO DE PREPARACIÓN: 5 MINUTOS | **TIEMPO TOTAL:** 25 MINUTOS

Sirve para preparar 4 porciones

Esta receta es muy sencilla y sólo necesita pocos minutos de preparación. Es un acompañamiento rico y sustancioso para cualquier platillo de carne. Otra opción es dorar un poco de pollo o cerdo y agregarlo a la sopa.

¼ taza de aceite de oliva virgen extra	2 dientes de ajo picados
1 cebolla amarilla grande, cortada en rodajas delgadas	2 ½ tazas de caldo de pollo
1 bulbo de hinojo partido a la mitad, descorazonado y cortado en rodajas delgadas	1 lata (450 g) de jitomates cortados en cubitos
	½ cucharadita de sal de mar

Calienta el aceite en una sartén grande a fuego medio-alto. Cocina la cebolla, el hinojo y el ajo durante 10 minutos o hasta que estén muy suaves. Si es necesario, reduce la llama a fuego medio para que no se doren demasiado.

Añade el caldo, los jitomates con su jugo, la sal y espera a que hierva. Reduce la llama, tapa la sartén y deja cocer 10 minutos a fuego lento.

CADA PORCIÓN CONTIENE: 200 calorías, 5 g de proteína, 14 g de carbohidratos, 14 g de grasa total, 2 g de grasa saturada, 3 g de fibra y 727 mg de sodio.

SOPA DE HUEVO

TIEMPO DE PREPARACIÓN: 5 MINUTOS | **TIEMPO TOTAL:** 10 MINUTOS

Sirve para preparar 4 porciones

Este favorito de los restaurantes chinos es saludable y fácil de recrear sin los espesantes que a menudo se utilizan. La receta básica se puede modificar de manera fácil agregándole, por ejemplo, una cucharada de salsa Sriracha o unas verduras salteadas.

4	tazas de caldo de pollo	¼	cucharadita de sal de mar
1	cucharadita de tamari o salsa de soya sin gluten	2	cucharaditas de harina de coco
1	cucharadita de jengibre fresco rallado	2	huevos batidos
		3	cebollas cambray, cortadas en diagonal

En una cacerola grande, hierve a fuego lento el caldo, el jengibre, el tamari o salsa de soya y la sal. Incorpora la harina hasta que se disuelva. Apaga el fuego. Más o menos desde 20 cm por encima de la cacerola, deja caer los huevos muy despacio, como una llovizna, mientras agitas lentamente la sopa en círculos. Continúa moviendo durante 30 segundos después de haber agregado ambos huevos.

Añade la cebolla cambray y sirve.

CADA PORCIÓN CONTIENE: 57 calorías, 5 g de proteína, 3 g de carbohidratos, 3 g de grasa total, 1 g de grasa saturada, 1 g de fibra y 1 083 mg de sodio.

SOPA DE HAMBURGUESA

TIEMPO DE PREPARACIÓN: 5 MINUTOS | TIEMPO TOTAL: 25 MINUTOS

Sirve para preparar 4 porciones

Esta receta encanta a los niños y es una forma sencilla y sana de llenar sus pancitas. Además es fácil de adaptar al gusto de cada persona. Puedes adornarlo con crema y queso rallado ya sea romano, parmesano o cualquier otro que elijas.

2	cucharadas de aceite de oliva virgen extra	2	tallos de apio, partidos a la mitad (a lo largo) y rebanados
1	cebolla amarilla finamente picada	450 g	de carne molida (de res)
2	zanahorias en rodajas	1	cucharadita de Sazonador italiano (página 56)
1	pimiento verde, picado en trozos grandes	¼	cucharadita de sal de mar
		4	tazas de caldo de res

Calienta el aceite en una sartén grande a fuego medio-alto. Fríe la cebolla, las zanahorias, la pimienta y el apio, revolviendo de vez en cuando durante 3 minutos o hasta que empiecen a ablandarse. Agrega la carne y cocina otros 3 minutos o hasta que se ponga un poco rosa. Añade la mezcla de condimentos y la sal y cocina 1 minuto más.

Vierte el caldo y déjalo que hierva. Reduce la llama a la mitad y sigue cociendo a fuego lento durante 10 minutos o hasta que se suavicen las verduras.

CADA PORCIÓN CONTIENE: 407 calorías, 26 g de proteína, 9 g de carbohidratos, 30 g de grasa total, 10 g de grasa saturada, 2 g de fibra y 644 mg de sodio.

GUMBO DE NUEVA ORLEANS

TIEMPO DE PREPARACIÓN: 10 MINUTOS | TIEMPO TOTAL: 30 MINUTOS

Sirve para preparar 4 porciones

Parece que todos en Louisiana tienen su propia receta favorita para preparar gumbo. Todas incluyen varios métodos para espesar el roux. Aquí, como debemos ajustarnos a los 30 minutos, utilicé harina de coco en lugar de los métodos tradicionales, una técnica que nos ahorra 15 minutos o más. Esta receta puede servir como base para muchas variaciones, por ejemplo sustituir el pollo con camarones.

2	cucharadas de aceite de oliva virgen extra o aceite de coco	1	cebolla grande, picada finamente
1	libra de salchicha andouille en rebanadas	2	dientes de ajo, picados
		1	pimiento verde grande, picado
1	libra de pechuga de pollo deshuesada y sin piel, cortada en cubos	1	cucharadita de Sazonador cajún (página 58)
3	tazas separadas de caldo de pollo	1	lata (435 g) de jitomates cortados en cubitos
2–3	cucharadas de harina de coco		

Calienta el aceite en una sartén grande o una olla a fuego medio-alto. Cocina la salchicha y el pollo, revolviendo ocasionalmente, durante 7 minutos o hasta que estén un poco dorados. Reduce la llama a la mitad. Con una cuchara ranurada, saca las salchichas y el pollo y sepáralos en otro plato. Deja el líquido en la sartén.

Vierte 1 taza de caldo de pollo en la sartén o la olla. Incorpora la harina de coco, (1 cucharada cada 30 segundos) hasta alcanzar el espesor deseado.

Agrega la cebolla, el ajo, el pimiento y el sazonador. Cocina durante 3 minutos, revolviendo de vez en cuando o hasta que las verduras empiecen a ablandarse.

Regresa la salchicha y el pollo al sartén, junto con los jitomates en su jugo y las 2 tazas de caldo de pollo restantes. Tapa y déjalo hervir durante 8 minutos o hasta que el pollo esté bien cocido y las verduras blandas.

CADA PORCIÓN CONTIENE: 500 calorías, 50 g de proteína, 15 g de carbohidratos, 27 g de grasa total, 8 g de grasa saturada, 4 g de fibra y 1 540 mg de sodio.

CREMA DE CANGREJO

TIEMPO DE PREPARACIÓN: 10 MINUTOS | **TIEMPO TOTAL:** 30 MINUTOS

Sirve para preparar 8 porciones

Aquí está la más cremosa de las cremas, espesada a la antigua, sin fécula de maíz, harina de trigo, u otros ingredientes de ese tipo.

1	cucharada de mantequilla	½	cucharadita de sal de mar
2	chalotes picados	¼	cucharadita de pimienta negra molida
1	pimiento rojo pequeño, finamente picado	450 g	de carne de cangrejo *backfin lump*
90 g	de queso crema cortado en cubos	2	cucharadas de jerez
4	tazas de crema espesa para batir	1	cucharadita de Sazonador cajún (página 58)

Derrite la mantequilla en una cacerola a fuego medio. Cuece los chalotes y el pimiento 5 minutos o hasta que estén tiernos. Incorpora el queso crema y revuelve durante 1 minuto o hasta que se derrita bien. Añade crema, sal y pimienta. Calienta hasta que la mezcla empiece a bullir (que no hierva).

Reduce la llama a media-baja y déjalo a fuego lento durante 5 minutos, moviendo de vez en cuando. Agrega la carne de cangrejo, el jerez y el sazonador y cocina otros 5 minutos o hasta que esté completamente caliente.

CADA PORCIÓN CONTIENE: 534 calorías, 17 g de proteína, 4 g de carbohidratos, 50 g de grasa total, 31 g de grasa saturada, 0 g de fibra y 415 mg de sodio.

SOPA DE ALMEJAS DE NUEVA INGLATERRA

TIEMPO DE PREPARACIÓN: 10 MINUTOS | TIEMPO TOTAL: 30 MINUTOS

Sirve para preparar 4 porciones

He aquí cómo hacer una sopa de almejas muy al estilo de Nueva Inglaterra, pero sin ingredientes complicados. Disfruta este delicioso platillo, que además es bueno para el corazón, con unos Panecillos de pesto (página 77)

Para preparar esta sopa puedes usar leche condensada o leche de coco. La versión de coco, sin lácteos, te sorprenderá por su sabor. Es deliciosa.

360 g	de tocino, cortado en trozos de 2 cm
1	cebolla finamente picada
3	tallos de apio, cortados a la mitad y rebanados
2	tazas de leche condensada o de leche de coco enlatada
2	cucharaditas de tomillo seco
1	coliflor pequeña, cortada en pedazos de 1 cm
¼	cucharadita de sal de mar
1	lata (300 g) de almejas

En una cacerola grande, cocina el tocino a fuego medio-alto durante 5 minutos o hasta quedar bien cocido, pero no crujiente. Con pinzas o una cuchara ranurada, quítalo del fuego, dejando la grasa y ponlo en otro plato. Reserva.

Agrega la cebolla y el apio, cocínalos 3 minutos revolviendo con frecuencia, hasta que comiencen a ablandarse. Incorpora la leche condensada o leche de coco, el tomillo,
la coliflor y la sal. Reduce la intensidad a media-baja, tapa y cocina a fuego lento durante 15 minutos o hasta que se ablande la coliflor, revolviendo de vez en cuando.

Agrega el tocino reservado y las almejas con su jugo. Tapa otra vez y cocina durante 3 minutos o hasta que esté listo.

CADA PORCIÓN CONTIENE: 616 calorías, 27 g de proteína, 17 g de carbohidratos, 50 g de grasa total, 21 g de grasa saturada, 3 g de fibra y 1 143 mg de sodio.

JITOMATES RELLENOS DE ATÚN

TIEMPO DE PREPARACIÓN: 10 MINUTOS | **TIEMPO TOTAL:** 20 MINUTOS

Sirve para preparar 4 porciones

Estos versátiles jitomates rellenos de atún se pueden comer de varias formas: solos como almuerzo, como guarnición con la cena o también pueden ser una alternativa maravillosa, saludable y sustanciosa para el desayuno.

2 latas (150 g cada una) de atún silvestre, escurrido

½ taza de mayonesa (página 40 o comprada)

1 cucharada de mostaza Dijon

1 tallo de apio, finamente picado

2 cebollitas cambray en rodajas finas

1 taza de queso cheddar, rallado

4 tomates ciruela grandes, partidos a la mitad por lo largo

Precalienta el horno a 190°C. Engrasa una fuente para horno poco profunda, más o menos de 1½ o 2 cuartos (de galón).

En un tazón mediano, con un tenedor o el dorso de una cuchara, desmenuza el atún en pedacitos. Agrega mayonesa, mostaza, apio, cebollitas y ½ taza de queso. Revuelve hasta obtener una mezcla homogénea.

Con una cuchara, saca la pulpa de los jitomates y deséchala. Ahora rellena cada mitad ahuecada con la mezcla de atún, amontonando un poco y colócalas en la fuente para horno.

Hornea durante 8 minutos o hasta que esté caliente. Retira del horno y prende el asador. Mientras la parrilla se calienta, cubre cada mitad de jitomate con 1 cucharada del queso restante. Dora por 2 minutos o hasta que el queso se haya derretido y esté burbujeando.

CADA PORCIÓN CONTIENE: 323 calorías, 22 g de proteína, 12 g de carbohidratos, 21 g de grasa total, 8 g de grasa saturada, 1 g de fibra y 715 mg de sodio.

TORRES DE BERENJENA CAPRESE

TIEMPO DE PREPARACIÓN: 15 MINUTOS | TIEMPO TOTAL: 30 MINUTOS

Sirve para preparar 4 porciones

La berenjena, la albahaca y los quesos parmesano y mozzarella se combinan para hacer un indudable plato principal. Puedes servirlo solo o como un llamativo acompañamiento de "pasta" tipo fideo Shirataki o espagueti de calabacíta bañados con salsa marinara.

1	berenjena, cortada en ocho rebanadas de ½ cm de grueso	1	huevo batido
¼	taza de semillas de lino dorado, molidas	4	cucharadas de aceite de oliva, divididas
½	taza de queso parmesano, rallado finamente	2	tomates, cortados en cuatro rebanadas de 1 cm de grueso (cada uno)
½	cucharadita de Sazonador italiano (página 56)	16	hojas grandes de albahaca fresca
½	cucharadita de sal de mar	240 g	de queso mozzarella, cortado en 4 trozos iguales

Engrasa ligeramente una bandeja para hornear.

En un plato o tazón, revuelve las semillas de lino, ¼ de taza de queso parmesano, el sazonador y sal. Coloca el huevo en otro tazón o plato. Sumerge una rebanada de berenjena en el huevo hasta que se humedezca por los dos lados. Cúbrela con la mezcla de semillas de lino. Pon la berenjena rebozada en un plato. Repite hasta que todas las rebanadas estén cubiertas.

En una sartén grande a fuego medio, calienta 2 cucharadas de aceite y espera hasta que esté muy caliente. Fríe las berenjenas durante 8 minutos, voltéalas y tápalas. Estarán listas cuando se vean doradas por ambos lados y se sientan blandas al pincharlas con un tenedor. Si es necesario, añade otra cucharada de aceite durante la cocción. Pásalas a un plato cubierto con una toalla de papel.

Mientras tanto, precalienta el asador. Coloca las rodajas de jitomate en una capa sobre la bandeja para hornear. Rocía con la cucharada de aceite restante y espolvorea cada rodaja con la ½ cucharada de queso parmesano que queda. Métalas al horno durante 4 minutos o hasta que estén ligeramente doradas. Sácalas y reserva.

En 4 platos, coloca las 4 rebanadas más grandes de berenjena. Cubre cada una con una rodaja de jitomate con parmesano, 2 hojas de albahaca y una rebanada de mozzarella. Tapa con las rebanadas restantes de berenjena, jitomate con parmesano y las últimas 2 hojas de albahaca.

CADA PORCIÓN CONTIENE: 377 calorías, 21 g de proteína, 13 g de carbohidratos, 29 g de grasa total, 9 g de grasa saturada, 7 g de fibra y 226 mg de sodio.

HUEVOS RELLENOS DE CANGREJO

TIEMPO DE PREPARACIÓN: 10 MINUTOS | TIEMPO TOTAL: 10 MINUTOS

Sirve para preparar 12 porciones

Esta es una versión de los huevos rellenos tradicionales, pero más interesante porque se le añade carne de cangrejo.

6 huevos duros, pelados y partidos a la mitad

1 lata (180 g) de carne de cangrejo drenada

¼ taza + 1 cucharada de Mayonesa (página 40 o comprada)

½ cucharadita de sal de apio

1 cucharadita de perejil fresco picado

....

Deja las yemas de los huevos en un tazón mediano. Acomoda las claras cocidas en un recipiente para servir.

Usa un tenedor para aplastar las yemas. Agrega la carne de cangrejo, la mayonesa y la sal de apio. Revuelve hasta que estén bien combinados. Con cuidado coloca partes iguales de esta mezcla en cada una de las mitades de huevo.

Espolvorea el perejil en la parte superior de cada una.

CADA MITAD DE HUEVO CONTIENE: 91 calorías, 6 g de proteína, 0 g de carbohidratos, 8 g de grasa total, 2 g de grasa saturada, 0 g de fibra y 124 mg de sodio.

HUEVOS RELLENOS DE WASABI

TIEMPO DE PREPARACIÓN: 10 MINUTOS | **TIEMPO TOTAL:** 10 MINUTOS

Sirve para preparar 12 porciones

He aquí una variación única y fácil de los típicos huevos rellenos (una versión asiática con el toque del wasabi).

6 huevos duros, pelados y partidos a la mitad

3 cucharadas de Mayonesa (página 40 o comprada)

1 cucharadita de polvo de wasabi

½ cucharadita de jengibre molido

½ cucharadita de vinagre de arroz

Deja las yemas de los huevos en un tazón mediano. Acomoda las claras cocidas en un recipiente para servir.

Usa un tenedor para aplastar las yemas. Agrega la mayonesa, el wasabi, el jengibre y el vinagre. Revuelve hasta que estén bien combinados. Con mucho cuidado coloca partes iguales de la mezcla en cada una de las mitades de huevo.

CADA MITAD DE HUEVO CONTIENE: 64 calorías, 3 g de proteína, 0 g de carbohidratos, 5 g de grasa total, 1g de grasa saturada, 0 g de fibra y 54 mg de sodio.

SÁNDWICH DE CARNE ASADA
CON MAYONESA DE RÁBANO PICANTE

TIEMPO DE PREPARACIÓN: 5 MINUTOS | TIEMPO TOTAL: 5 MINUTOS

Sirve para preparar 2 porciones

Aquí está el tradicional sándwich de carne asada tipo deli. Éste se elaborará con pan de sándwich untado con mayonesa de rábano picante, queso y cebolla roja.

1 taza de Mayonesa (página 40 o comprada)

2 cucharaditas de rábano picante preparado

4 rebanadas de Pan de sándwich (página 20)

120 g de carne asada tipo deli

60 g de queso suizo, provolone o asiago en rebanadas

¼ cebolla roja chica, cortada en rodajas muy delgadas

En un tazón pequeño, revuelve la mayonesa y el rábano picante.

Unta 1 rebanada de pan con 1 cucharada de esta mezcla, haz lo mismo con otra rebanada. Acomoda la mitad de la carne, el queso y la cebolla en cada una de estas 2 rebanadas. Unta la mezcla restante de mayonesa y rábano por encima. Cubre con las 2 rebanadas de pan restantes. Si quieres, mételo al microondas a máxima potencia durante 20 segundos para derretir el queso.

CADA PORCIÓN CONTIENE: 724 calorías, 33 g de proteína, 14 g de carbohidratos, 16 g de grasa total, 16 g de grasa saturada, 7 g de fibra y 911 mg de sodio.

SÁNDWICH DE AGUACATE CON JAMÓN

TIEMPO DE PREPARACIÓN: 5 MINUTOS | **TIEMPO TOTAL:** 5 MINUTOS

Sirve para preparar 2 porciones

Este sándwich sencillo presenta muchas posibilidades de variaciones únicas sólo con alterar la cubierta. Agrégale jitomates en rebanadas delgadas o brotes de verduras para hacer versiones diferentes y fáciles. Para un cambio de ritmo, también puedes sustituir el jamón con otra carne, pero sin trigo, ¡por supuesto!

4 rebanadas de Focaccia básica (página 21) o Pan de sándwich (página 20)

1 aguacate partido a la mitad, sin hueso, pelado y rebanado o 4 cucharadas de Guacamole (página 32)

½ cebolla roja, pequeña, cortada en rodajas finas

2–3 cucharadas de Aderezo ranch a las hierbas (página 44), Aderezo cremoso de jitomate y cilantro (página 47) o Hummus condimentado (página 33)

Cubre 2 rebanadas de pan con el aguacate, la cebolla y el jamón. Agrégale el aderezo o hummus que prefieras. Tápalas con las 2 rebanadas de pan restantes.

CADA PORCIÓN CONTIENE: 728 calorías, 33 g de proteína, 26 g de carbohidratos, 59 g de grasa total, 8 g de grasa saturada, 15 g de fibra y 1 201 mg de sodio.

SÁNDWICHES MUFFULETTA

TIEMPO DE PREPARACIÓN: 5 MINUTOS | TIEMPO TOTAL: 5 MINUTOS

Sirve para preparar 4 porciones

Este es el sándwich tradicional de Nueva Orleans, se hace con aceite de oliva y aceitunas picadas, existe en muchas versiones diferentes y cada una tiene seguidores entusiastas. Me aparto de las recetas habituales porque no uso pan a base de trigo y además, porque uso asiago para darle un "toque" de queso extra.

La muffuletta típica se prepara con pan de semillas de sésamo. Así que, si quieres unirte a la tradición, salpica la superficie de tu Focaccia básica con semillas de sésamo.

4	rebanadas Focaccia básica (página 21)	60 g	de mortadela en rebanadas
¼	taza de pasta de aceitunas negras marinadas o tapenade	120 g	de queso provolone en rebanadas
120 g	de jamón en rebanadas	60 g	de queso asiago en rebanadas
60 g	de pepperoni en rebanadas		

Unta 2 rebanadas de pan con la pasta de aceitunas o tapenade. Acomoda de forma equitativa jamón, pepperoni, mortadela, queso provolone y asiago. Cubre con las 2 rebanadas restantes. Con cuidado corta cada sándwich por la mitad.

CADA PORCIÓN CONTIENE: 619 calorías, 32 g de proteína, 14 g de carbohidratos, 50 g de grasa total, 14 g de grasa saturada, 7 g de fibra y 1 766 mg de sodio.

FOCACCIA DE PROSCIUTTO Y PROVOLONE

TIEMPO DE PREPARACIÓN: 5 MINUTOS | **TIEMPO TOTAL:** 10 MINUTOS

Sirve para preparar 4 porciones

Este singular sándwich proporciona una mezcla de los deliciosos sabores italianos: prosciutto, provolone, alcachofa y jitomate deshidratado.

4	rebanadas de Focaccia básica (página 21) o Focaccia a las hierbas (página 22)
2	tazas de espinacas baby
60 g	de prosciutto o jamón serrano
4	rebanadas de queso provolone
4	corazones de alcachofa enlatados, rebanados
2	cucharadas de Aderezo de jitomates deshidratados estilo italiano (página 50) o el aderezo italiano de tu preferencia

Precalienta el horno a 177°C. Acomoda las rebanadas de pan en una bandeja. Agrega espinacas, jamón, queso y alcachofas de manera uniforme. Hornea durante 3 minutos o hasta que se derrita el queso. Rocía con el aderezo.

CADA PORCIÓN CONTIENE: 471 calorías, 24 g de proteína, 14 g de carbohidratos, 38 g de grasa total, 9 g de grasa saturada, 7 g de fibra y 1 147 mg de sodio.

PAN DE PEPPERONI

TIEMPO DE PREPARACIÓN: 10 MINUTOS
TIEMPO TOTAL: 30 MINUTOS + TIEMPO PARA ENFRIAR

Sirve para preparar 8 porciones

Si ves que los niños devoran este pan de pepperoni, no te preocupes: ¡Sólo *parece* poco saludable! Después de todo, en realidad este "pan" está hecho de cacahuate, coco, queso, huevo y pepperoni. Sirve este platillo con unos fideos Shirataki o un espagueti de calabacita cubierto de Salsa (página 34). También puedes presentar sólo el pan y la salsa, sin pasta.

1   taza de queso mozzarella, rallado y dividido

2   tazas de Harina multiusos para hornear (página 19)

2   cucharadas de aceite de oliva virgen extra

2   huevos, ligeramente batidos

1   cucharadita de Sazonador italiano (página 56)

60 g   de pepperoni, cortado en rebanadas delgadas

....

Precalienta el horno a 177°C. Prepara una bandeja para hornear con papel vegetal.

En un procesador de alimentos, tritura ½ taza de queso hasta que tenga una consistencia granulada. En un tazón grande, combina el queso con la Harina multiusos. Agrega el aceite y los huevos y mezcla muy bien. La masa debe ser espesa pero húmeda.

Con las manos un poco mojadas, extiende la masa sobre la bandeja para hornear y forma un cuadrado de 25 cm por 25 cm y de poco más de 1 cm de espesor. Espolvoréale el sazonador. Acomoda el pepperoni sobre la masa y luego agrega la ½ taza de queso restante.

Utilizando el papel vegetal, rueda con cuidado un extremo del pan, como un rollo de jalea, hasta que la masa esté completamente enrollada. (Es posible que se rompa al principio, pero la capa externa estará intacta). Hornea durante 20 minutos o hasta que esté ligeramente dorado.

Antes de cortarlo, deja que se enfríe unos 5 minutos.

CADA PORCIÓN CONTIENE: 284 calorías, 13 g de proteína, 8 g de carbohidratos, 24 g de grasa total, 4.5 g de grasa saturada, 5 g de fibra y 364 mg de sodio

ALBÓNDIGAS DE SALCHICHA ITALIANA CON SALSA DE VINO TINTO

TIEMPO DE PREPARACIÓN: 10 MINUTOS | TIEMPO TOTAL: 30 MINUTOS

Sirve para preparar 4 porciones

Estas albóndigas se pueden servir de todas las formas en que se sirven las albóndigas tradicionales: solas como una entrada, sobre unos fideos Shirataki o como plato fuerte acompañadas de una ensalada, ejotes al vapor, col rizada, brócoli o espárragos.

La salchicha italiana se puede sustituir con cualquier carne molida.

450 g	de salchicha italiana molida	¼	cucharadita de sal de mar
2	cucharadas de semillas de lino dorado, molidas	2	cucharadas de aceite de oliva virgen extra o aceite de coco
1	huevo	2	cucharadas de salsa de jitomate
½	cucharadita de Sazonador italiano (página 56)	¼	taza de vino tinto seco

En un tazón grande, combina salchicha, semillas de lino, huevo, sazonador y sal. Mezcla bien y forma bolitas de 4 cm.

Calienta el aceite en una sartén grande a fuego medio-alto. Fríe las albóndigas durante 2 minutos, girándolas para que se doren por todos lados. Baja el fuego a medio-bajo, tapa la sartén y cocina por 12 minutos, moviendo con frecuencia o hasta que ya no se vea ninguna parte rosa.

Con una cuchara ranurada, pasa las albóndigas a un plato para servir.

En la misma sartén a fuego lento, cocina la salsa de jitomate y el vino durante 2 minutos o hasta que esté a punto de hervir, no olvides mover de forma constante para deshacer cualquier pedacito quemado que haya quedado en el fondo de la sartén. Vacía esta mezcla sobre las albóndigas.

CADA PORCIÓN CONTIENE: 503 calorías, 19 g de proteína, 3 g de carbohidratos, 45 g de grasa total, 14 g de grasa saturada, 1 g de fibra y 986 mg de sodio.

TOSTA DE FOCACCIA CON POLLO CAPRESE

TIEMPO DE PREPARACIÓN: 5 MINUTOS | TIEMPO TOTAL: 20 MINUTOS

Sirve para preparar 4 porciones

Los sabores de albahaca fresca, queso mozzarella y jitomate hacen de la ensalada Caprese un favorito en la cocina. En esta receta, dichos sabores se combinan para hacer una tosta (un sándwich abierto) encantadora y rápida.

Si quieres, cuando agregues la albahaca, puedes rociar unas gotas de vinagre balsámico.

4	rebanadas de Focaccia básica (página 21)	2	pechugas de pollo sin hueso y sin piel, partidas a la mitad
2–3	cucharadas de Sazonador italiano (página 56)	1	jitomate grande, cortado en 4 rodajas
½	cucharadita de sal de mar	120 g	de queso mozzarella en rebanadas
		¼	taza de albahaca fresca troceada

Coloca la rejilla del horno a 15 cm de la fuente de calor y precaliéntalo para asar. Acomoda la focaccia en una bandeja. Apártala. Engrasa un molde para hornear.

En una bolsa de plástico grande y resellable, combina el sazonador y la sal. Agrega el pollo y agita para "empanizar" muy bien.

Coloca las pechugas en el molde y ásalas 12 minutos. Voltéalas. Otra forma de saber si ya están listas es insertar un termómetro en la parte más gruesa, que registre 74°C y que el jugo salga claro. Déjalas reposar 5 minutos. Corta en rebanadas delgadas.

Divide el pollo, el jitomate y el queso en las 4 focaccias. Métalas al horno por 1 minuto o hasta que el queso se derrita. Espolvoréale un poco de albahaca a cada una.

CADA PORCIÓN CONTIENE: 490 calorías, 37 g de proteína, 15 g de carbohidratos, 33 g de grasa total, 7 g de grasa saturada, 8 g de fibra y 982 mg de sodio.

WRAPS DE POLLO BALSÁMICO Y TOCINO

TIEMPO DE PREPARACIÓN: 5 MINUTOS | TIEMPO TOTAL: 15 MINUTOS

Sirve para preparar 4 porciones

La combinación de tocino y vinagre balsámico reducido le da una maravillosa dimensión de sabor a estos wraps de pollo. Para hacer una variación agrega rodajas de jitomate o Guacamole (página 32).

2 cucharadas de aceite de oliva virgen extra	120 g de hongos portobello en rebanadas
1 pechuga de pollo sin hueso y sin piel, cortada en tiras delgadas	2 cucharadas de vinagre balsámico
4 rebanadas gruesas de tocino	4 Wraps de semilla de lino (página 26)
	2 tazas de lechuga romana en trozos

Calienta el aceite en una sartén grande a fuego medio-alto. Fríe el pollo, el tocino y los hongos durante 8 minutos o hasta que el pollo ya no esté rosa, el tocino esté cocido y los hongos dorados. Con una cuchara ranurada, pasa el pollo y el tocino a un plato y reserva.

Reduce la llama al mínimo. Añade el vinagre a las setas en la misma sartén. Cocina a fuego lento, moviendo de manera constante por 1 minuto o hasta que el vinagre se haya consumido. Retira del fuego.

Coloca los wraps extendidos sobre una superficie para trabajarlos. Acomoda el pollo y el tocino reservado en la parte baja de cada uno. Cubre con la lechuga y la mezcla de hongos. Enróllalos.

CADA PORCIÓN CONTIENE: 394 calorías, 25 g de proteína, 12 g de carbohidratos, 29 g de grasa total, 8 g de grasa saturada, 9 g de fibra y 384 mg de sodio.

SÁNDWICH DE HUEVO, AGUACATE Y TOCINO

TIEMPO DE PREPARACIÓN: 5 MINUTOS | **TIEMPO TOTAL:** 20 MINUTOS

Sirve para preparar 2 porciones

Te sorprenderá lo deliciosa que resulta la combinación de especias cajún y el tocino, en especial con la fresca y cremosa sensación del aguacate. No dejes que el tamaño pequeño de estos sándwiches te engañen: ¡son supersustanciosos!

4   rebanadas gruesas de tocino

2   huevos

4   rebanadas de Pan de sándwich (página 20)

¼   de Mayonesa condimentada estilo cajún (página 42)

1   aguacate partido a la mitad, sin hueso, pelado y rebanado

En una sartén grande a fuego medio, cuece el tocino hasta que esté dorado. Sácalo y resérvalo. Rompe los huevos en la sartén, manteniéndolos separados. Abre las yemas y cocina hasta que estén firmes. Puedes usar un molde circular para mantener la forma "limpia".

Cubre 2 de las rebanadas de pan con 1 cucharada de mayonesa. Agrega el tocino reservado, 1 huevo y el aguacate. Unta la mayonesa restante en la parte superior y luego tápalas con las 2 rebanadas de pan que te quedaban.

CADA PORCIÓN CONTIENE: 722 calorías, 27 g de proteína, 19 g de carbohidratos, 63 g de grasa total, 14 g de grasa saturada, 12 g de fibra y 855 mg de sodio.

WRAPS DE ENSALADA DE HUEVO TEX-MEX

TIEMPO DE PREPARACIÓN: 5 MINUTOS | **TIEMPO TOTAL:** 5 MINUTOS

Sirve para preparar 4 porciones

El condimento para tacos y la mostaza Dijon dan vida a una antigua ensalada de huevo para hacer un delicioso wrap. Sírvelos con una de las cremas que vienen en este libro, como la Crema de hongos con cebollín (página 92) y ¡te sentirás lleno a reventar!

- 6 huevos duros, pelados y picados
- ½ taza de Mayonesa (página 40 o comprada)
- 1 cucharada de mostaza Dijon o 2 cucharaditas de mostaza en polvo
- 2 cucharaditas de Sazonador de tacos (página 57)

- 1 cebolla pequeña, finamente picada
- 1 jitomate pequeño, finamente picado
- 4 Wraps de semillas de lino (página 26)
- 2 tazas de lechuga Boston, ensalada verde, espinaca o arúgula

En un tazón grande, combina los huevos, la mayonesa, la mostaza, el sazonador, la cebolla y el jitomate. Mezcla muy bien.

Coloca los wraps extendidos sobre una superficie para trabajarlos. Acomoda la ensalada de huevo en la parte baja de cada uno. Cubre con la lechuga o los vegetales verdes. Enróllalos.

CADA PORCIÓN CONTIENE: 580 calorías, 23 g de proteína, 16 g de carbohidratos, 50 g de grasa total, 12 g de grasa saturada, 9 g de fibra y 460 mg de sodio.

SÁNDWICH CAPRESE CALIENTE

TIEMPO DE PREPARACIÓN: 5 MINUTOS | TIEMPO TOTAL: 5 MINUTOS

Sirve para preparar 2 porciones

Si te gusta una simple, pero elegante ensalada Caprese, ¡te encantará este selecto sándwich! Es igual de sencillo y basado en el mismo tema.

Utiliza jitomates maduros jugosos, de preferencia beefsteak (corazón de buey) o cualquier variedad nativa que puedas encontrar (¡o cosechar!).

4	rebanadas de Focaccia básica (página 21)		12	hojas medianas o grandes de albahaca fresca, rebanadas a lo largo
60 g	de queso mozzarella en rebanadas		3-4	cucharaditas de Aderezo condimentado estilo italiano (página 49)
2	jitomates medianos en rodajas			

Coloca 1 rebanada de pan en un plato y cúbrelo con el queso y los jitomates. Esparce la albahaca sobre cada uno. Rocía con el aderezo. Cubre con la otra rebanada de pan.

Calienta uno a la vez en el microondas a máxima potencia durante 30 a 60 segundos o en el horno a 163°C durante 3 a 4 minutos, hasta que el queso se derrita.

CADA PORCIÓN CONTIENE: 728 calorías, 30 g de proteína, 26 g de carbohidratos, 60 g de grasa total, 10 g de grasa saturada, 14 g de fibra y 1 031 mg de sodio.

WRAPS DE HONGOS CON VINAGRE BALSÁMICO

TIEMPO DE PREPARACIÓN: 5 MINUTOS | TIEMPO TOTAL: 15 MINUTOS

Sirve para preparar 4 porciones

Los hongos (ricos en potasio, niacina, minerales, fibra soluble y fitoquímicos inigualables) son los héroes anónimos de la nutrición. ¡Así que nunca son demasiados! Cada vez más se les reconocen propiedades como mejorar el sistema inmune, efectos únicos antiinflamatorios, incluso proteger el organismo contra el cáncer.

Otra variación para esta receta es utilizar hongos portobello grandes cortados en rodajas y asados. Coloca estas rodajas de portobello a la parrilla antes de enrollar.

2	cucharadas de aceite de oliva	1	diente de ajo picado
1	cebolla pequeña finamente picada	2	cucharadas de vinagre balsámico
480 g	de hongos portobello o champiñón botón en rebanadas	½	cucharadita de sal de mar
1	pimiento verde mediano en rebanadas	4	Wraps de semillas de lino (página 26)
		2	tazas de lechuga Boston, ensalada verde, espinaca o rúcula

Calienta el aceite en una sartén grande a fuego medio. Fríe la cebolla, los hongos y la pimienta 2 minutos, revolviendo con frecuencia. Agrega el ajo y cocina por 1 minuto. Añade el vinagre y sal. Cuece durante 3 minutos o hasta que el vinagre casi se haya evaporado.

Coloca los wraps extendidos sobre una superficie de trabajo. Extiende la mezcla de hongos en el centro de cada uno. Agrega los vegetales. Enrolla bien.

CADA PORCIÓN CONTIENE: 345 calorías, 16 g de proteína, 19 g de carbohidratos, 26 g de grasa total, 7 g de grasa saturada, 11 g de fibra y 450 mg de sodio.

WRAPS DE PIZZA DE PEPPERONI

TIEMPO DE PREPARACIÓN: 5 MINUTOS | TIEMPO TOTAL: 10 MINUTOS

Sirve para preparar 4 porciones

Podemos decir que este wrap es ¡*demasiado* fácil y rápido! Así como con muchos platillos de nuestro mundo sin trigo, no dejes que su modesto tamaño te engañe: estos sencillos wraps son muy sustanciosos. Al igual que la pizza convencional, esta receta básica es sencilla de modificar: Agrega cebollas salteadas y pimiento verde; remplaza el pepperoni con salami, salchichas o hamburguesa molida; ponle provolone, parmesano o queso de cabra.

4 Wraps de semillas de lino (página 26)	60 g de pepperoni en rebanadas
½ taza de salsa para pizza o de jitomate	240 g de queso mozzarella, rallado o en rebanadas

Coloca cada wrap extendido en un plato. Agrega la salsa de pizza o de jitomate en el centro de cada uno. Cubre con el pepperoni y espolvorea con el queso.

De uno por uno, mét0os al microondas a máxima potencia o ásalos en la parrilla del horno de 30 a 60 segundos para fundir el queso. Enróllalos.

CADA PORCIÓN CONTIENE: 553 calorías, 28 g de proteína, 14 g de carbohidratos, 44 g de grasa total, 22 g de grasa saturada, 7 g de fibra y 1 178 mg de sodio.

WRAPS DE SALMÓN AHUMADO

TIEMPO DE PREPARACIÓN: 5 MINUTOS | TIEMPO TOTAL: 5 MINUTOS

Sirve para preparar 4 porciones

El salmón ahumado y el queso crema son una delicia dietética, pero claro, tenemos prohibidos los bagels en nuestro estilo de vida sin trigo. Es por eso que aquí te presento una versión de los tradicionales panes, pero usando tortillas sin trigo. Esta receta mantiene los sabores reconfortantes del queso crema, el salmón y el cebollino.

4	Tortillas (página 29)	2	cucharadas de alcaparras escurridas
120 g	de queso crema a temperatura ambiente	2	cucharadas de cebollino fresco, finamente picado
120 g	de salmón ahumado		

Coloca las tortillas sobre una superficie de trabajo. Extiende una capa delgada de queso crema sobre cada tortilla. Cubre de manera uniforme con el salmón ahumado. Acomoda las alcaparras en el centro de cada una. Espolvorea el cebollino sobre cada tortilla. Enrolla.

CADA PORCIÓN CONTIENE: 293 calorías, 16 g de proteína, 10 g de carbohidratos, 24 g de grasa total, 7 g de grasa saturada, 8 g de fibra y 963 mg de sodio.

HAMBURGUESAS DE ATÚN CON ESPINACAS

TIEMPO DE PREPARACIÓN: 15 MINUTOS | TIEMPO TOTAL: 25 MINUTOS

Sirve para preparar 4 porciones

Estas sanas hamburguesas de atún con espinacas, hechas entre dos rebanadas de Pan de sándwich (página 20) o Focaccia básica (página 21), pueden variarse con sólo escoger diferentes mezclas de sazonadores.

3 cucharadas de aceite de oliva virgen extra	2 cucharadas de mayonesa (página 40 o comprada)
1 paquete (180 g) de espinacas baby	1 cucharadita de aderezo de mariscos o la mezcla que gustes (páginas 55–59)
2 latas (150 g cada una) de atún silvestre, escurrido	1 huevo
½ pimiento rojo chico, finamente picado	⅓ taza de queso parmesano rallado
1 cucharada de mostaza Dijon	¼ taza de harina de garbanzo

En una sartén grande a fuego medio-alto, pon 1 cucharada de aceite hasta que esté muy caliente. Cuece las espinacas, revolviendo con frecuencia, durante 2 minutos. Pásalas a un colador de malla y quita el exceso de líquido. Córtala en trozos grandes.

En un tazón mediano, con un tenedor o el dorso de una cuchara, corta el atún en pequeñas piezas. Agrega espinaca picada, pimienta, mostaza, mayonesa, mezcla de condimentos y huevo. Revuelve hasta que estén bien combinados. Incorpora el queso y la harina de garbanzos. Divide esta mezcla en 4 hamburguesas, más o menos de 9 cm de diámetro.

En la misma sartén a fuego medio, vierte las 2 cucharadas de aceite restantes y caliéntalo. Fríe las hamburguesas durante 6 minutos, voltéalas una vez o hasta que se doren.

CADA PORCIÓN CONTIENE: 365 calorías, 27 g de proteína, 10 g de carbohidratos, 24 g de grasa total, 4 g de grasa saturada, 3 g de fibra y 798 mg de sodio.

TARTAS DE CALABACITA

TIEMPO DE PREPARACIÓN: 10 MINUTOS | TIEMPO TOTAL: 20 MINUTOS

Sirve para preparar 4 porciones

Hay muchas formas diferentes para disfrutar estas tartas de calabacita sazonadas a la italiana. Me gusta servirlas con Salsa marinara (página 34) para la cena o con huevo frito o cocido para el desayuno. También las puedes cortar en piezas pequeñas para ponerlas en una ensalada, como sustituto de los crutones y presentarla con Aderezo condimentado estilo italiano (página 49).

1	calabacita rallada	½	taza de queso mozzarella rallado
1	huevo ligeramente batido	¼	taza de queso parmesano rallado
2	cucharaditas de Sazonador italiano (página 56)	¼	taza de semillas molidas de lino dorado
		2	cucharadas de aceite de oliva

Coloca la calabacita rallada en el centro de un trapo de cocina limpio o una toalla de papel y seca el exceso de humedad.

En un tazón mediano, revuelve el calabacín, el huevo, el sazonador y el queso mozzarella. Incorpora el parmesano y las semillas de lino y mezcla todo muy bien. Divide la masa en 4 porciones iguales y forma 4 tartas de 4 cm de espesor.

En una sartén grande, pon el aceite a fuego medio-alto hasta que esté muy caliente. Fríe las tartas durante 7 minutos, voltéalas una vez y sácalas cuando ambos lados estén dorados. Pásalas a un plato cubierto con toallas de papel. Sirve de inmediato.

CADA PORCIÓN CONTIENE: 192 calorías, 10 g de proteína, 5 g de carbohidratos, 16 g de grasa total, 4 g de grasa saturada, 3 g de fibra y 235 mg de sodio.

SÁNDWICH DE MANTEQUILLA DE ALMENDRAS Y MERMELADA

TIEMPO DE PREPARACIÓN: 5 MINUTOS | **TIEMPO TOTAL:** 5 MINUTOS

Sirve para preparar 1 porción

¡Esta es una versión más sofisticada del viejo sándwich de crema de cacahuate y mermelada! La mantequilla de almendras sustituye a la crema de cacahuate, pero también puedes usar de avellana, de semillas de girasol o de cualquier otro fruto seco o semilla que se te antoje. También puedes modificar esta receta cambiando la Mermelada de ciruela y chía por otra de tu preferencia.

2   rebanadas de Pan de sándwich (página 20)

1–2   cucharadas de mantequilla de almendras

1   cucharada de Mermelada de ciruela y chía (página 51) o cualquier otra conserva sin azúcar agregada

En 1 rebanada de pan, unta la mantequilla de almendras. Agrega la mermelada o conserva y tapa con la rebanada de pan restante.

CADA PORCIÓN CONTIENE: 456 calorías, 17 g de proteína, 18 g de carbohidratos, 39 g de grasa total, 8 g de grasa saturada, 9 g de fibra y 499 mg de sodio.

ALCACHOFAS, PANCETTA Y COL RIZADA CON PARMESANO

TIEMPO DE PREPARACIÓN: 5 MINUTOS | TIEMPO TOTAL: 15 MINUTOS

Sirve para preparar 6 porciones

El contraste de sabor entre la pancetta, las alcachofas, la col rizada y el queso parmesano hacen de este platillo una delicia para el paladar. Puedes servirlo como guarnición de una pasta sin trigo o de cualquier platillo de carne. También se puede usar solo, lo que nos da un saludable y abundante desayuno o almuerzo. Si lo comes así, agrégale un huevo frito o escalfado.

Si no tienes a la mano Sazonador italiano preparado con anticipación, sólo ponle 1 cucharada de orégano seco y 1 cucharadita de romero seco.

2	cucharadas de aceite de oliva virgen extra	1	cucharadita de Sazonador italiano (página 56)
120 g	de pancetta, en rebanadas de 2.5 cm	240 g	de col rizada descongelada, picada
1	cebolla finamente picada	1	frasco o lata (400 g) de alcachofas en cuartos, escurridas
2	dientes de ajo picados	½	taza de queso parmesano rallado

Calienta el aceite, a fuego medio-alto, en una sartén grande. Fríe la pancetta, la cebolla, el ajo y el sazonador italiano durante 5 minutos o hasta que la pancetta esté bien cocida. Si quieres, escurre el exceso de aceite.

Agrega la col rizada y las alcachofas. Reduce la llama a fuego medio, tapa y cuece 5 minutos o hasta que se ablande la col. Cubre con el queso.

CADA PORCIÓN CONTIENE: 232 calorías, 14 g de proteína, 13 g de carbohidratos, 15 g de grasa total, 4 g de grasa saturada, 2 g de fibra y 1 336 mg de sodio.

COLES DE BRUSELAS GRATINADAS

TIEMPO DE PREPARACIÓN: 5 MINUTOS | **TIEMPO TOTAL:** 30 MINUTOS

Sirve para preparar 4 porciones

Si apenas estás descubriendo la versatilidad de las coles de Bruselas, ¡déjate atrapar por esta receta! Este platillo gratinado sólo es una de las muchas formas de disfrutar dichas verduras.

Al igual que con toda la comida de este libro, no dejes que la mantequilla y el queso te engañen: con menos trigo e ingredientes poco saludables, este plato se ajusta de manera fácil al estilo de vida saludable y no te engordará.

A mí me gusta servir estas coles acompañando proteínas más ligeras, como el pescado blanco o el pollo.

1 libra de coles de Bruselas frescas, partidas a la mitad	¼ taza + 3 cucharadas de queso parmesano rallado
1 taza de agua	¼ cucharadita de sal de mar
3 cucharadas de mantequilla	¼ cucharadita de pimienta negra molida
¼ taza de harina de almendras	½ taza de crema espesa para batir

Precalienta el horno a 204°C. Engrasa ligeramente una fuente para horno de 2 cuartos.

En un tazón apto para microondas, coloca las coles de Bruselas y el agua. Tápalo y hornea a potencia alta por 5 minutos. Escúrrelas bien y mézclalas con 1 cucharada de la mantequilla.

Mientras tanto, en un tazón pequeño, combina la harina de almendra, ¼ de taza del queso, sal y pimienta. Usando una batidora o 2 tenedores, revuelve las 2 cucharadas restantes de mantequilla con la harina hasta que se forme una mezcla granulada, es decir, que se desmigaje con facilidad.

Acomoda las coles de Bruselas en la fuente para horno. Vacía la crema encima y espolvorea la mezcla granulada de forma uniforme. Cubre todo con las 3 cucharadas de queso restante.

Hornea durante 20 minutos o hasta que estén doradas y el queso burbujeante.

CADA PORCIÓN CONTIENE: 310 calorías, 10 g de proteína, 13 g de carbohidratos, 26 g de grasa total, 14 g de grasa saturada, 5 g de fibra y 365 mg de sodio.

BERZA A LA MANTEQUILLA

TIEMPO DE PREPARACIÓN: 5 MINUTOS | TIEMPO TOTAL: 10 MINUTOS

Sirve para preparar 4 porciones

Aunque es muy sencilla, incluyo esta receta de Berza a la mantequilla porque puede acompañar muchos de los platillos principales de este libro y también servir como base para una gran variedad de comidas interesantes. Por ejemplo, empieza con tocino, panceta o salchicha o antes de agregar el repollo, col o berza; agrega el Sazonador marroquí o italiano (páginas 55 y 56) junto con la sal y la pimienta; o reemplaza el agua con caldo de res o de pollo.

1 cucharada de aceite de oliva virgen extra

1 bolsa (480 g) de berza, repollo, col, (rallados) o ensalada de col

2 cucharadas de agua

2 cucharadas de mantequilla

¼ cucharadita de sal de mar

¼ cucharadita de pimienta negra molida

En una sartén mediana o wok, calienta el aceite a fuego medio-alto, hasta que esté caliente. Fríe el repollo 3 minutos, moviendo de forma constante o hasta que empiece a suavizarse. Agrega el agua y continúa la cocción, revolviendo con frecuencia, durante 2 minutos o hasta que el repollo este blando pero crujiente (o como lo prefieras) y el agua se evapore. Agrega la mantequilla y mezcla para cubrir. Sazona con la sal y la pimienta.

CADA PORCIÓN CONTIENE: 111 calorías, 2 g de proteína, 7 g de carbohidratos, 9 g de grasa total, 4 g de grasa saturada, 3 g de fibra y 170 mg de sodio.

COL RIZADA ESTILO CAJÚN

TIEMPO DE PREPARACIÓN: 5 MINUTOS | TIEMPO TOTAL: 30 MINUTOS

Sirve para preparar 4 porciones

Usa la andouille para agregarle el sabor excitante de la cocina cajún a la col rizada, siempre verde y natural. Si quieres un poco más de sabor, añade una cucharada extra de vinagre.

Esta sencilla receta también se puede convertir en una sopa de col estilo cajún, sólo aumenta 2 tazas de caldo de pollo, quita el vinagre y sazona con sal de mar al gusto.

- 2 cucharadas de aceite de oliva virgen extra
- 1 salchicha ahumada andouille (90 g), cortada en cubitos
- 1 diente de ajo picado
- 1 bolsa (480 g) de col rizada, descongelada
- ½ taza de caldo de pollo
- ¼ cucharadita de hojuelas de chile rojo (opcional)
- 1 cucharada de vinagre de sidra de manzana

En una cacerola mediana o wok, calienta 1 cucharada de aceite a fuego medio. Fríe la salchicha durante 4 minutos o hasta que esté ligeramente dorada. Agrega el ajo y cocina por 1 minuto, revolviendo con frecuencia. Pásala a un plato pequeño y reserva.

En la misma sartén o wok, calienta la cucharada de aceite restante. Cuece la col rizada, moviendo de forma constante, durante 2 minutos o hasta que esté bien cubierta de aceite y crujiente. Añade el caldo, tapa y cocina, revolviendo de vez en cuando durante 10 minutos o hasta que la col rizada esté blanda. Destapa y agrega las hojuelas de chile (si quieres), el vinagre, la salchicha reservada y el ajo. Cocina otros 5 minutos o hasta que el líquido casi se haya evaporado.

CADA PORCIÓN CONTIENE: 143 calorías, 7 g de proteína, 7 g de carbohidratos, 11 g de grasa total, 2 g de grasa saturada, 2 g de fibra y 225 mg de sodio.

HONGOS CON HIERBAS PROVENZALES

TIEMPO DE PREPARACIÓN: 5 MINUTOS | **TIEMPO TOTAL:** 15 MINUTOS

Sirve para preparar 4 porciones

Esta aromática y ultrasimple receta, hace que los hongos se saturen de sabor con las hierbas provenzales. Puede ser una guarnición interesante y saludable para carne de res o cerdo. También es un sabroso ingrediente extra para una ensalada mediterránea.

240 g de hongos cremini (o baby bella)

2 cucharadas de aceite de oliva virgen extra

1 cucharadita de Hierbas provenzales (página 59)

Precalienta el horno a 177°C.

En un tazón mediano, mezcla los hongos con el aceite. Espolvorea con las hierbas provenzales y revuelve para que queden cubiertos de manera uniforme.

Coloca los hongos en una fuente para horno. Hornea durante 10 minutos (muévelos 2 veces) o hasta que se doren.

CADA PORCIÓN CONTIENE: 77 calorías, 1 g de proteína, 3 g de carbohidratos, 7 g de grasa total, 1 g de grasa saturada, 1 g de fibra y 4 mg de sodio.

HONGOS MARINADOS A LA ITALIANA

TIEMPO DE PREPARACIÓN: 5 MINUTOS | **TIEMPO TOTAL:** 20 MINUTOS

Sirve para preparar 4 porciones

Superrápidos y fáciles, estos hongos marinados se pueden servir como botana, entrada o guarnición de carne, salmón o pollo al horno. Es posible hacer variaciones agregando hierbas frescas picadas como orégano y mejorana.

2	cucharadas de aceite de oliva virgen extra	½	taza de Aderezo condimentado estilo italiano (página 49)
480 g	de hongos cremini o botón, sin tallos		

Calienta el aceite en una sartén grande a fuego medio. Agrega los hongos, tápalos y cocínalos durante 10 minutos, moviendo de vez en cuando o hasta que se ablanden. Añade el aderezo y déjalos a fuego lento durante 3 minutos más o hasta que el aderezo se haya reducido a la mitad.

CADA PORCIÓN CONTIENE: 260 calorías, 3 g de proteína, 5 g de carbohidratos, 26 g de grasa total, 4 g de grasa saturada, 1 g de fibra y 105 mg de sodio.

PORTOBELLOS RELLENOS DE CANGREJO

TIEMPO DE PREPARACIÓN: 15 MINUTOS | TIEMPO TOTAL: 30 MINUTOS

Sirve para preparar 6 porciones

La combinación de cangrejo, queso crema y portobello produce una entrada deliciosa, saludable y sustanciosa (aunque no lo creas). Sustituyo el pan rallado con queso parmesano rallado, que se dora muy bien en el horno, para conservarlo crujiente.

1	paquete (300 g) de espinacas descongeladas, secas y picadas
1	lata (180 g) de carne de cangrejo, escurrida
240 g	de queso crema
1	chalote picado

½	cucharadita de eneldo seco
½	cucharadita de sal de mar
2	cucharadas de queso parmesano rallado
12	hongos portobello, de entre 3 y 4 pulgadas de diámetro.

Precalienta el horno a 204°C.

En un tazón mediano, combina las espinacas, la carne de cangrejo, el queso crema, el chalote, el eneldo, la sal y 1 cucharada del queso parmesano.

Quita y tira los tallos de los hongos. Vacía la mezcla en los portobellos dentro del hueco que quedo por el lado del tallo y acomódalos en una fuente para hornear. Espolvorea la cucharada restante de queso en la parte superior.

Hornea durante 15 minutos o hasta que la parte superior esté dorada y los hongos comiencen a soltar su jugo.

CADA PORCIÓN CONTIENE: 227 calorías, 12 g de proteína, 12 g de carbohidratos, 14 g de grasa total, 8 g de grasa saturada, 3 g de fibra y 446 mg de sodio.

ESPINACAS GRATINADAS

TIEMPO DE PREPARACIÓN: 10 MINUTOS | **TIEMPO TOTAL:** 25 MINUTOS

Sirve para preparar 4 porciones

Esta receta llena de queso es la forma perfecta para lograr que los niños (incluidos los maridos) ¡se coman sus espinacas! Rebosante de la suavidad que resulta al combinar crema, mantequilla, queso crema y parmesano, este platillo de seguro obtendrá muchas peticiones ¡para repetir!

1 cucharada de aceite de oliva virgen extra

1 libra de espinacas baby frescas

1 cucharada de mantequilla

2 cucharadas de queso crema

6 cucharadas de crema espesa para batir

½ taza de queso parmesano rallado

¼ cucharadita de sal de mar

¼ cucharadita de pimienta negra molida

¼ taza de harina de almendra

....

Coloca la parrilla del horno en el centro y precalienta el asador. Engrasa ligeramente un molde para hornear de 1½ cuartos.

Calienta el aceite en una sartén grande a fuego medio. Sofríe las espinacas, moviendo de vez en cuando con unas tenazas, durante 4 minutos o hasta que se ablanden. Acomoda las espinacas hacia los lados de la sartén. Añade la mantequilla, el queso crema y la crema en el centro y revuelve durante 2 minutos o hasta que se derrita y caliente. Agrega ¼ de taza de queso parmesano, sal y pimienta. Incorpora muy bien la espinaca y la salsa. Vierte la mezcla en el molde para hornear.

En un tazón pequeño, combina la harina de almendra y el ¼ de taza de parmesano restante. Espolvorea de forma uniforme sobre la mezcla de espinacas.

Mételo al horno y ásalo 3 minutos o hasta que la cubierta esté dorada y las espinacas burbujeantes.

CADA PORCIÓN CONTIENE: 227 calorías, 6 g de proteína, 14 g de carbohidratos, 24 g de grasa total, 11 g de grasa saturada, 6 g de fibra y 338 mg de sodio.

CABELLO DE ÁNGEL DE CALABAZA

TIEMPO DE PREPARACIÓN: 10 MINUTOS | **TIEMPO TOTAL:** 15 MINUTOS

Sirve para preparar 4 porciones

Fui bastante escéptico la primera vez que escuché el uso de la calabaza como sustituto de los fideos. Pero al igual que yo, una vez que lo intentes, te sorprenderá gratamente la forma tan maravillosa en que este saludable sustituto asume el lugar de la pasta de trigo (u otros remplazos no saludables), sin efectos negativos para la salud.

5 calabazas amarillas de verano	1 cucharada de mantequilla
1 cucharada de aceite de oliva virgen extra	¼ cucharadita de sal de mar

Corta la calabaza en tiras muy delgadas utilizando un pelador (en julianas), un rebanador, un rallador o un cortador de verduras en espiral. Debes llenar 4 tazas con estas tiras.

Calienta el aceite en una sartén grande a fuego medio-alto. Fríe la calabaza, revolviendo con frecuencia, de 2 a 3 minutos o hasta que empiece a cambiar de color y se suavice un poco (no se debe cocer). Añade la mantequilla hasta que se derrita y sazona con sal.

CADA PORCIÓN CONTIENE: 96 calorías, 3 g de proteína, 8 g de carbohidratos, 7 g de grasa total, 2 g de grasa saturada, 3 g de fibra y 129 mg de sodio.

FIDEOS DE CALABACITA

TIEMPO DE PREPARACIÓN: 5 MINUTOS | TIEMPO TOTAL: 10 MINUTOS

Sirve para preparar 4 porciones

La calabacita es un excelente remplazo de los fideos tradicionales. Te ayudará mucho un cortador de verduras en espiral, como el Spirelli o el Spiralizer o un pelador en julianas. Así, en un santiamén convertirás la calabacita en fideos. De igual forma, lo puedes seguir haciendo cortando con mucho cuidado tus calabacitas con un cuchillo afilado, un pelador tradicional o una mandolina y quedan bastante bien.

900 g de calabacita   **½ cucharadita de sal de mar**

En una cacerola mediana, hierve 2 litros de agua con sal. Mientras tanto, utilizando el cortador, pelador, mandolina o lo que tengas, corta la calabacita en cintas largas y delgadas. Debes llenar 4 tazas. Agrega las cintas al agua, baja el fuego para mantener un hervor lento y cocina 2 minutos o hasta que la calabacita este blandita y flexible. Escúrrela en un colador y sírvelo con la salsa que prefieras.

CADA PORCIÓN CONTIENE: 39 calorías, 3 g de proteína, 7 g de carbohidratos, 1 g de grasa total, 0 g de grasa saturada, 2 g de fibra y 94 mg de sodio.

Nota: Esta receta también se puede hacer en una sartén. Calienta 2 cucharadas de aceite de oliva en una sartén grande antiadherente a fuego medio-alto. Cocina las cintas de calabacita de 3 a 4 minutos, revolviendo con frecuencia o hasta que estén al dente (no se deben cocer). Añade 1 cucharada de mantequilla y mezcla muy bien para que se derrita. Sazona con sal al gusto.

ASADO DE CALABACITA, CALABAZA Y TOMATE

TIEMPO DE PREPARACIÓN: 10 MINUTOS | **TIEMPO TOTAL:** 30 MINUTOS

Sirve para preparar 4 porciones

Esta colorida combinación de verduras es una de esas recetas que puede servirse como platillo principal vegetariano o como guarnición para un guisado horneado de pollo, pescado o carne de cerdo.

1½ cucharadas de aceite de oliva

1 cucharada de vinagre de vino tinto

½ cucharadita de Sazonador italiano (página 56)

½ cucharadita de sal de mar

2 calabazas de verano amarillas, rebanadas en medias lunas de ½ cm de espesor

1 calabacín, rebanado en medias lunas de ½ cm de espesor

2 tazas de jitomates grape, cortados a la mitad

⅓ taza de queso parmesano finamente rallado

Coloca la parrilla en la mitad inferior del horno y precalienta a 218°C.

En un tazón grande, mezcla el aceite, el vinagre, el sazonador y la sal. Agrega la calabaza, la calabacita y el jitomate y revuelve bien para integrar todo. Esparce las verduras, en una sola capa, sobre una bandeja para hornear grande.

Hornea durante 20 minutos o hasta que se doren las verduras, revuelve una sola vez. Cuando lo saques espolvorea con el queso.

CADA PORCIÓN CONTIENE: 129 calorías, 5 g de proteína, 11 g de carbohidratos, 8 g de grasa total, 2 g de grasa saturada, 2 g de fibra y 337 mg de sodio.

"ARROZ" AL CURRY

TIEMPO DE PREPARACIÓN: 5 MINUTOS | **TIEMPO TOTAL:** 15 MINUTOS

Sirve para preparar 4 porciones

Si te gusta el sabor del curry, te encantará este sencillo "Arroz" al curry que utiliza la siempre versátil coliflor como un remplazo sin granos. Para agregarle sabor, añade una cucharadita de Aderezo marroquí (página 48).

1 **coliflor pequeña, partida en pedazos grandes**	1 **diente de ajo picado**
2 **cucharadas de aceite de oliva virgen extra**	1–2 **cucharaditas de curry en polvo**
1 **cebolla finamente picada**	½ **cucharadita de sal de mar**

Tritura la coliflor con un procesador de alimentos. Usa el tamaño más grande de agujeros. Colócala en un tazón apto para microondas. Tapa y hornea a potencia alta durante 4 minutos o hasta el punto deseado, revolviendo una sola vez.

Mientras tanto, en una sartén grande a fuego medio, calienta el aceite. Fríe la cebolla 3 minutos o hasta que empiece a ablandarse. Agrega el ajo y el curry en polvo, cocina por 1 minuto más o hasta que el curry se incorpore.

Añade la coliflor al vapor y la sal. Mueve para que se mezcle bien y se caliente.

CADA PORCIÓN CONTIENE: 93 calorías, 2 g de proteína, 6 g de carbohidratos, 7 g de grasa total, 1 g de grasa saturada, 2 g de fibra y 218 mg de sodio.

"ARROZ" FRITO CON CERDO

TIEMPO DE PREPARACIÓN: 10 MINUTOS | **TIEMPO TOTAL:** 20 MINUTOS

Sirve para preparar 6 porciones

¿Te gusta el arroz frito con carne de cerdo que venden en el restaurante chino por tu casa? Bueno, pues aquí está, recreado con ingredientes saludables, sin GMS,[4] trigo, fécula de maíz ni arroz.

Puedes sustituir fácilmente la carne de cerdo por pollo, res, camarones u otros mariscos.

1	coliflor partida en pedazos grandes	2	huevos batidos
2	cucharadas de aceite de coco	220 g	de lomo de cerdo cortado en cubos de 1 cm
4	cebollitas cambray	¼	taza de salsa tamari o de soya sin gluten
2	dientes de ajo picados		

Tritura la coliflor con un procesador de alimentos. Usa el tamaño más grande de agujeros. Colócala en un tazón apto para microondas. Tapa y hornea a potencia alta durante 4 minutos o hasta el punto deseado, revolviendo una sola vez.

Mientras tanto, en un wok o sartén grande a fuego medio-alto, calienta 1 cucharada de aceite. Sofríe las cebolletas y el ajo 2 minutos. Añade los huevos y revuelve de forma continua hasta que estén cocidos y un poco dorados. Retira la mezcla de los huevos a un tazón y reserva.

Reduce la llama a fuego medio. Vierte la cucharada de aceite restante al wok o sartén. Cuece la carne de cerdo, moviendo con frecuencia, durante 5 minutos o hasta que ya no esté rosado. Agrega la salsa de soya o tamari, la coliflor y la mezcla de huevo. Cocina mientras remueves durante 2 minutos, o hasta que esté completamente caliente.

CADA PORCIÓN CONTIENE: 141 calorías, 13 g de proteína, 6 g de carbohidratos, 7 g de grasa total, 5 g de grasa saturada, 2 g de fibra y 702 mg de sodio.

---

[4] El glutamato monosódico es uno de los aminoácidos no esenciales más abundantes en la naturaleza. La industria alimentaria lo usa y comercializa como un potenciador del sabor, debido a que equilibra, combina y resalta el carácter de otros sabores (N. del T.)

PLATOS PRINCIPALES

FILETE CON SALSA BEARNESA

TIEMPO DE PREPARACIÓN: 5 MINUTOS | TIEMPO TOTAL: 15 MINUTOS

Sirve para preparar 4 porciones

¡Un clásico francés apareció en nuestro estilo de vida sin trigo! La salsa bearnesa, rica, espesa y cremosa, hace de un filete ordinario, todo un acontecimiento.

Para ahorrar tiempo, he simplificado el método clásico para hacer salsa bearnesa. Es tan sencillo, que la podrás hacer en lo que se cocinan los filetes.

4	filetes de solomillo o tiras de bistec (170 g cada uno)	2	cucharaditas de vinagre de vino blanco
2	cucharadas de aceite de oliva	1	chalote picado
¼	cucharada de sal de mar	2	yemas de huevo
¼	cucharada de pimienta negra molida	2	cucharadas de estragón fresco, picado
1	cucharada de jugo de limón	½	taza de mantequilla derretida

Seca (dando golpecitos con delicadeza) ambos lados de los filetes, utilizando toallas de papel. Ponle aceite a los dos lados y sazona con sal y pimienta.

Calienta una sartén a fuego medio-alto hasta que esté muy caliente. Asa los filetes durante 6 minutos (voltéalos una sola vez) o hasta que metas un termómetro en el centro y registre 63°C. Pásalos a un plato.

Mientras tanto, pon en la licuadora el jugo de limón, el vinagre, el chalote, las yemas de huevo y 1 cucharada de estragón. Mezcla durante 30 segundos o hasta que esté cremoso. Con la licuadora funcionando, vierte poco a poco la mantequilla derretida y continua licuando por 30 segundos más. Vacía en un recipiente para servir y agrégale la cucharada de estragón restante.

Cubre los filetes con la salsa bearnesa o sírvela a un lado.

CADA PORCIÓN CONTIENE: 567 calorías, 40 g de proteínas, 1 g de carbohidratos, 44 g de grasa total, 21 g de grasa saturada, 0 g de fibra y 403 mg de sodio.

FILETE CON PIMIENTA, SÉSAMO Y JENGIBRE

TIEMPO DE PREPARACIÓN: 15 MINUTOS | **TIEMPO TOTAL:** 25 MINUTOS

Sirve para preparar 4 porciones

Este sencillo bistec salteado, que mezcla los sabores asiáticos del jengibre y el sésamo, puede servirse solo, como un suculento plato principal, o acompañado. En este último caso, puedes presentarlo sobre unos fideos shirataki o un "arroz" de coliflor.

450 g de bistec de sirloin (cada uno de más o menos 1 cm de grueso)

2 cucharadas de aceite de coco

1 pimiento verde, cortado en tiras de cerca de 1/3 cm

1 pimiento rojo o amarillo, cortado en tiras de 1/2 cm

1 cebolla dulce, cortada a lo largo en rodajas finas

2 dientes de ajo picados

1 cucharada de jengibre fresco rallado

2 cucharadas de salsa tamari o de soya sin gluten

2 cucharaditas de aceite de sésamo

Corta la carne en tiras de 1/2 cm de ancho en contra del grano de la carne.

Calienta 1 cucharada de aceite de coco en un wok o sartén grande a fuego alto. Fríe los pimientos, sin dejar de mover, durante 3 minutos o hasta que estén tiernos, pero crujientes. Pásalos a un plato y reserva.

En el mismo wok o sartén, calienta la cucharada restante de aceite de coco. Fríe las tiras de carne durante 1 minuto, revolviendo de manera constante. Agrega el ajo y el jengibre y saltea durante 2 minutos o hasta que se dore la carne. Incorpora la salsa tamari o de soya y el aceite de sésamo. Regresa los pimientos y la cebolla reservados al wok y cocina, moviendo todo el tiempo, por 1 minuto más o hasta que esté bien caliente.

CADA PORCIÓN CONTIENE: 270 calorías, 27 g de proteína, 7 g de carbohidratos, 15 g de grasa total, 8 g de grasa saturada, 2 g de fibra y 540 mg de sodio.

FILETE STROGONOFF

TIEMPO DE PREPARACIÓN: 10 MINUTOS | TIEMPO TOTAL: 30 MINUTOS

Sirve para preparar 4 porciones

No hay duda de que el filete Strogonoff es uno de los clásicos preferidos del siglo XX, la época de las madres y las abuelas, junto a refrigeradores Kelvinator y batidoras Mixmaster. En esta receta resucito este viejo favorito pero sin todos esos ingredientes poco saludables, creando un plato tradicional maravilloso para ocasiones especiales o para una rica cena.

3 cucharadas de mantequilla, dividida

450 g de carne de res, sirloin o lomo, en rebanadas de ½" de grosor

360 g de hongos rebanados (botón, cremini o portobello)

3 chalotes o 1 cebolla amarilla grande, en rodajas

2 dientes de ajo picados

½ taza de caldo de res

¼ cucharadita de sal de mar

¼ cucharadita de pimienta negra molida

1 taza de crema agria

1 cucharada de mostaza de Dijon

Derrite 1 cucharada de mantequilla en una sartén grande a fuego medio-alto. Sella la carne durante 2 minutos o hasta que se dore por ambos lados, pero apenas esté cocida. No olvides voltearla una vez. Si fuera necesario trabaja en partes. Saca la carne, ponla en un plato y reserva. Reduce la llama de la sartén a fuego medio.

Agrega las 2 cucharadas restantes de mantequilla, los hongos, los chalotes o la cebolla y el ajo. Cocina por 5 minutos o hasta que los chalotes o la cebolla estén blandos y los hongos suelten su jugo. Incorpora la carne reservada, caldo, sal y pimienta. Caliéntalo hasta que hierva, reduce la llama a media-baja, tapa y cocina a fuego lento durante 10 minutos.

Añade la crema agria y mostaza. Déjalo en el fuego un minuto más o hasta que esté completamente caliente.

CADA PORCIÓN CONTIENE: 353 calorías, 29 g de proteína, 6 g de carbohidratos, 24 g de grasa total, 13 g de grasa saturada, 1 g de fibra y 406 mg de sodio.

TERNERA SCHNITZEL CON SALSA DE VINO Y LIMÓN

TIEMPO DE PREPARACIÓN: 10 MINUTOS | TIEMPO TOTAL: 30 MINUTOS

Sirve para preparar 4 porciones

Redescubre este tradicional platillo austriaco en nuestro mundo sin trigo usando harina de almendras y semillas molidas de lino dorado para "empanizar". Otra opción es servir con puré de coliflor.

Algunas tiendas venden las chuletas de ternera delgadas, pero si las encuentras más gruesas, no te preocupes, ponlas entre dos hojas de plástico y con un mazo para carne o una sartén golpéalas hasta lograr un espesor uniforme de ½ cm.

2	huevos
¾	cucharadita de sal
¾	pimienta negra molida
½	taza de harina de almendra blanqueada
½	taza de semillas de lino dorado, molidas
½	cucharadita de ajo en polvo
450 g	de ternera en chuletas de ½ cm a 1 cm de pulgada de espesor

2	cucharadas de aceite de oliva virgen extra
¼	taza de vino blanco seco o caldo de pollo
2	cucharadas de jugo de limón
1	cucharada de perejil fresco, picado
2	cucharadas de mantequilla en cubitos, a temperatura ambiente

Precalienta el horno a 93°C.

En un recipiente poco profundo o un molde para tarta, bate ligeramente los huevos con ¼ de cucharadita de sal y ¼ de cucharadita de pimienta.

En otro recipiente, combina la harina, las semillas de lino, el ajo en polvo y las ½ cucharaditas de sal y pimienta restantes. Sumerge las chuletas de ternera en el huevo y sacude el exceso. Rebózalas en la mezcla de harina. Coloca la chuleta rebozada en un plato. Repite el procedimiento con las chuletas restantes.

Calienta el aceite en una sartén grande a fuego medio. Fríe las chuletas 4 minutos, dándoles vuelta una vez o hasta que estén doradas (agrega más aceite si fuera necesario). Pon las chuletas cocidas en una bandeja y mantenlas calientes en el horno.

Vierte el vino o caldo y el jugo de limón a la sartén con una cuchara de madera para deshacer cualquier pedazo dorado que haya quedado. Cocina revolviendo durante 2 minutos. Agrega el perejil. Retira la sartén del fuego y añade la mantequilla, de 1 a 2 cubos a la vez, hasta que se incorpore totalmente. Vierte la salsa sobre las chuletas.

CADA PORCIÓN CONTIENE: 387 calorías, 32 g de proteína, 7 g de carbohidratos, 26 g de grasa total, 4 g de grasa saturada, 6 g de fibra y 441 mg de sodio.

QUESADILLAS DE TERNERA CON SALSA BARBACOA

TIEMPO DE PREPARACIÓN: 10 MINUTOS | TIEMPO TOTAL: 30 MINUTOS

Sirve para preparar 4 porciones

El uso de nuestra Salsa barbacoa (que normalmente está llena de azúcar o sirope de maíz alto en fructosa) convierte este platillo en algo saludable y tan delicioso como la versión original. Sírvelo sin más, o con crema agria y guacamole.

2	cucharadas de aceite de oliva virgen extra
120 g	de filete de solomillo, entrecot o arrachera
½	cucharadita de sal (dividida)
½	cucharadita de pimienta (dividida)
1	cebolla amarilla, partida en cuatro y en rebanadas delgadas
2	dientes de ajo picados
1	pimiento verde sin semillas, finamente rebanado
⅓	taza de Salsa barbacoa (página 35)
8	Tortillas (página 29)
1	taza de queso cheddar rallado

Calienta 1 cucharada de aceite en una sartén grande a fuego medio. Sazona la carne con ¼ de cucharadita de sal y ¼ de cucharadita de pimienta. Ásala 5 minutos, dándole vuelta una vez o hasta que esté dorada por ambos lados. Saca de la sartén y deja reposar durante 5 minutos. Corta la carne asada en rebanadas finas.

Mientras tanto, calienta la cucharada de aceite restante en la sartén. Fríe la cebolla, el ajo, el pimiento y el ¼ de cucharadita restante de sal y de pimienta durante 5 minutos, revolviendo de vez en cuando o hasta que la cebolla esté transparente y el pimiento blando. Retira del fuego, añade la carne y vierte la salsa barbacoa en la mezcla.

Limpia la sartén y calienta a fuego medio. Coloca 1 tortilla en el centro.

Espolvorea 1 cucharada de queso y cubre con una cuarta parte de la mezcla de carne. Espolvorea otra cucharada de queso encima y tapa con otra tortilla. Cocina por 2 minutos o hasta que las dos tortillas estén doradas y el queso se derrita. No te olvides de voltearlas. Quita la quesadilla del fuego y mantenla caliente en un recipiente con tapa. Repite el proceso con el resto de las tortillas y el relleno.

CADA PORCIÓN CONTIENE: 579 calorías, 32 g de proteína, 25 g de carbohidratos, 43 g de grasa total, 10 g de grasa saturada, 14 g de fibra y 845 mg de sodio.

ESTOFADO DE RES

TIEMPO DE PREPARACIÓN: 5 MINUTOS | **TIEMPO TOTAL:** 30 MINUTOS

Sirve para preparar 4 porciones

Otro clásico favorito de la cocina estadounidense del siglo XX hace su aparición sin trigo. Esta versión actualizada le agrega muchas verduras y una salsa de vino tinto para darle riqueza y beneficios a la salud.

450 g de fajitas de res asadas, cortadas en cuadros de 2 cm	**2** cucharaditas de Sazonador italiano (página 56)
2 cucharadas de harina de garbanzo o de coco	**1** cucharada de pimienta negra molida
2 cucharadas de aceite de oliva virgen extra	**½** cucharadita de sal
1 cuarto de caldo de res	**¼** taza de vino tinto seco
1 bolsa (480 g) de verduras (brócoli, coliflor y zanahorias)	**3** cucharadas de pasta de jitomate

En una bolsa grande de plástico resellable, combina los cuadritos de carne y la harina. Agita bien hasta que se cubra la carne.

Calienta el aceite a fuego medio-alto en una cacerola grande. Fríe la carne de res, moviendo a menudo, durante 10 minutos o hasta que se dore por todos lados.

Añade el caldo, las verduras, el sazonador, la pimienta, la sal y el vino y déjalo que dé un hervor. Reduce la llama y cocina a fuego lento por 10 minutos.

Agrega la pasta de jitomate y deja la mezcla otros 5 minutos o hasta que espese.

CADA PORCIÓN CONTIENE: 317 calorías, 30 g de proteína, 14 g de carbohidratos, 13 g de grasa total, 3 g de grasa saturada, 4 g de fibra y 502 mg de sodio.

GUISADO DE BERZA CON CARNE

TIEMPO DE PREPARACIÓN: 5 MINUTOS | TIEMPO TOTAL: 30 MINUTOS

Sirve para preparar 4 porciones

No te dejes engañar por la simplicidad de esta receta saludable y sin trigo: produce un platillo final tan delicioso y sustancioso que ¡estarás orgulloso de servirlo! Si gustas, puedes acompañarlo con (o sobre) un "arroz" de coliflor.

1	cucharada de aceite de oliva	½	cucharadita de pimienta negra molida
450 g	de carne (sirloin o lomo) molida	1	bolsa (480 g) de mezcla para ensalada de col
1	cebolla pequeña, picada	½	taza de agua
1	lata (435 g) de jitomates triturados	½	taza de crema agria (opcional)
½	cucharadita de sal de mar		

Calienta el aceite a fuego medio-alto en una olla grande con tapa (si es de hierro fundido, mejor). Cocina la carne de res molida y la cebolla, rompiendo la carne en trozos pequeños, durante 5 minutos o hasta que pierda su color rosado y la cebolla esté blanda. Agrega los tomates, la sal y la pimienta. Añade la mezcla de col, el agua y revuelve hasta que todo esté bien combinado. Reduce la llama, tapa y cocina a fuego lento, revolviendo de vez en cuando, durante 20 minutos o hasta que la berza esté en el punto de cocción deseado.

Retira del fuego y agrega la crema agria (si quieres). Prueba cómo te quedó y si es necesario, añade más sal y pimienta.

CADA PORCIÓN CONTIENE: 227 calorías, 26 g de proteína, 8 g de carbohidratos, 10 g de grasa total, 2 g de grasa saturada, 3 g de fibra y 347 mg de sodio.

SLOPPY JOES

TIEMPO DE PREPARACIÓN: 10 MINUTOS | **TIEMPO TOTAL:** 30 MINUTOS

Sirve para preparar 4 porciones

Este eterno favorito de los niños es fácil de hacer y se adapta muy bien al estilo de vida sin trigo. Ten listo el pan (por ejemplo, Muffins básicos para sándwich, página 24), para que sólo agregues la mezcla de Sloppy Joe y prepares un delicioso sándwich abierto.

Si quieres hacer los panecillos al mismo tiempo que el guiso, entonces considera empezar 10 minutos antes para elaborar los panecillos de Harina multiusos para hornear (página 19) y puedas hornearlos al mismo tiempo que se cocina el relleno Sloppy Joe.

450 g	de carne molida	1	lata (250 g) de salsa de jitomate
1	cebolla pequeña, picada	½	taza de Salsa barbacoa (página 35)
1	pimiento verde, picado	½	cucharadita de sal de mar
2	dientes de ajo picados o 1 cucharadita de ajo en polvo		

En una sartén grande a fuego medio-alto, cuece la carne durante 5 minutos o hasta que se le quite el color rosa. Agrega la cebolla, el pimiento y el ajo y déjalos 5 minutos más o hasta que las verduras se ablanden. Escurre. Reduce el fuego a medio-bajo y agrega la salsa de jitomate, la barbacoa y la sal. Tapa y cocina durante 10 minutos.

CADA PORCIÓN CONTIENE: 301 calorías, 23 g de proteína, 13 g de carbohidratos, 18 g de grasa total, 7 g de grasa saturada, 2 g de fibra y 728 mg de sodio.

TAQUITOS DE LECHUGA

TIEMPO DE PREPARACIÓN: 5 MINUTOS | TIEMPO TOTAL: 15 MINUTOS

Sirve para preparar 4 porciones

Haz estos ligeros, pero sabrosos wraps mexicanos, utilizando una envoltura de lechuga sin trigo y condiméntalos con Sazonador de tacos, lo cual te ahorrará mucho tiempo. Otra opción es agregarle algunas rodajas de cebolla y pimiento verde a la carne molida.

Cubre el wrap con aguacate picado, queso cheddar rallado, tomates picados, crema agria o salsa.

550 g de carne molida	**8** hojas grandes de lechuga (tipo Bibb)
1 cucharadita de Sazonador de tacos (página 57)	**Cubierta:** aguacate picado, queso cheddar rallado, jitomates picados, crema agria, salsa
1 taza de salsa	

En una sartén grande a fuego medio-alto, cuece la carne y el sazonador, separando la carne con una cuchara grande, durante 5 minutos o hasta que esté bien cocida. Reduce la llama a fuego medio, incorpora la salsa y cocina por 3 minutos o hasta que la mayoría del líquido se haya evaporado.

Para servir, divide el relleno de manera uniforme entre las hojas de lechuga. Cubre con la cubierta que más te guste y enrolla.

CADA PORCIÓN CONTIENE: 385 calorías, 31 g de proteína, 15 g de carbohidratos, 22 g de grasa total, 8 g de grasa saturada, 4 g de fibra y 450 mg de sodio.

TORTILLAS CON CHILE POBLANO Y CARNE

TIEMPO DE PREPARACIÓN: 10 MINUTOS | **TIEMPO TOTAL:** 20 MINUTOS

Sirve para preparar 4 porciones

Ahora que puedes hacer tortillas sin trigo o maíz, bueno, ¡pues vamos a darles un buen uso! He aquí una forma sencilla de combinar los sabores mexicanos del sazonador con el sabor fresco del chile poblano. ¡Cubierto con queso, por supuesto!

Sirve estas tortillas con tus cubiertas favoritas, por ejemplo: lechuga picada, crema agria, aguacate o jitomate fresco picado.

2	cucharadas de aceite de oliva virgen extra	340 g	de carne molida
1	cebolla picada finamente	1	cucharada de Sazonador de tacos (página 57)
1	chile poblano, picado finamente (usa guantes de plástico cuando lo manejes para no "enchilarte" las manos)	½	cucharadita de sal de mar
		1	jitomate grande picado
2	dientes de ajo picados	4	Tortillas (página 29)
		1	taza de queso para taco o cheddar rallado

Calienta el aceite en una sartén grande a fuego medio-alto. Sofríe la cebolla, el chile y el ajo por 3 minutos o hasta que se ablanden. Añade la carne, el condimento y la sal, y cuece, revolviendo con frecuencia, durante 3 minutos o hasta que ya no se vea rosa.

Agrega el jitomate, tapa la sartén y cocina 2 minutos o hasta que esté bien caliente. Con una cuchara acomoda ½ taza de la mezcla de carne en cada tortilla. Espolvorea cada una con ¼ taza de queso y dobla.

CADA PORCIÓN CONTIENE: 641 calorías, 41 g de proteína, 17 g de carbohidratos, 47 g de grasa total, 17 g de grasa saturada, 8 g de fibra y 881 mg de sodio.

HAMBURGUESAS DE CORDERO DE MEDIO ORIENTE

TIEMPO DE PREPARACIÓN: 10 MINUTOS | TIEMPO TOTAL: 20 MINUTOS

Sirve para preparar 4 porciones

Estas hamburguesas son únicas y deliciosas por la exótica mezcla de sabores del Aderezo marroquí con menta. En especial, combinan muy bien con la Salsa de yogur de pepino en vinagre (página 38).

450 g	de carne molida de cordero	1 ½	cucharaditas de Aderezo marroquí (página 48)
1	diente de ajo grande, picado	1	huevo
1	cebolla pequeña, picada finamente	2	cucharadas de aceite de oliva virgen extra
1	cucharadita de menta seca		
¾	cucharadita de sal de mar		

En un tazón mediano, mezcla cordero, ajo, cebolla, menta, sal, condimento y huevo. Revuelve hasta que estén bien combinados. Divide esta masa de carne en 4 hamburguesas.

En una sartén grande a fuego medio, calienta el aceite. Fríe las hamburguesas 8 minutos o hasta que se doren y un termómetro insertado en el centro de la carne registre 71°C

CADA PORCIÓN CONTIENE: 340 calorías, 21 g de proteína, 5 g de carbohidratos, 26 g de grasa total, 12 g de grasa saturada, 1 g de fibra y 394 mg de sodio.

SOLOMILLO DE CERDO A LA PARRILLA

TIEMPO DE PREPARACIÓN: 5 MINUTOS | **TIEMPO TOTAL:** 20 MINUTOS

Sirve para preparar 4 porciones

Mejorado con una mezcla de condimentos (aquí uso el cajún, pero puedes sustituirlo por el italiano, marroquí, de tacos o tu propia mezcla de hierbas y especias), el delicioso lomo de cerdo a la parrilla requiere sólo unos minutos de preparación y alrededor de 15 minutos más para asarse.

1 cucharada de Sazonador cajún (página 58)

1 cucharadita de sal de mar

600 g de lomo de cerdo

1 taza de Salsa barbacoa (página 35) dividida

Engrasa la rejilla del asador o una rejilla para horno. Si usas un asador de gas, pon el fuego medio-alto. Si usas el asador del horno, ajusta la rejilla a entre 15 y 20 cm de la fuente de calor y precaliéntalo en fuego alto.

En un tazón pequeño, combina el sazonador y la sal.

Con un cuchillo filoso quita la piel plateada de la carne de cerdo (pero deja la grasa ¡es buena para ti!). Unta la mezcla del sazonador con sal en la carne. Coloca ½ taza de la salsa barbacoa en un tazón pequeño y reserva.

Acomoda la carne de cerdo en el asador o en el horno. Ásala durante 8 minutos, dándole vuelta una sola vez. Barnízala con la ½ taza de barbacoa restante. Vuelve a asar otros 7 minutos, volteándola una vez o hasta que un termómetro insertado en el centro de la carne alcance los 71°C y los jugos sean transparentes. Rebánala y sírvela con la salsa barbacoa reservada.

CADA PORCIÓN CONTIENE: 222 calorías, 36 g de proteína, 8 g de carbohidratos, 4 g de grasa total, 1 g de grasa saturada, 1 g de fibra y 753 mg de sodio.

MEDALLONES DE SOLOMILLO DE CERDO CON MOSTAZA DIJON

TIEMPO DE PREPARACIÓN: 5 MINUTOS | TIEMPO TOTAL: 25 MINUTOS

Sirve para preparar 4 porciones

El solomillo de cerdo es un platillo bastante distinguido. Bueno, ahora te presento una combinación todavía más elegante, con mostaza Dijon y vino blanco, la cual hará que tu familia e invitados piensen que tardaste horas en prepararlo. Para un mejor sabor, déjale la grasa.

2 cucharadas de aceite de oliva virgen extra

600 g de solomillo de cerdo, cortado en rebanadas de entre 1 y 2 cm de grueso

1 chalote picado

240 g de hongos portobello finamente rebanados

¼ taza de mostaza Dijon

¼ taza de crema espesa o lata de leche de coco

2 cucharadas de vino blanco

½ cucharadita de sal de mar

Calienta el aceite en una sartén grande a fuego alto. Fríe las rebanas de cerdo 4 minutos o hasta que estén doradas. Si es necesario fríelas en grupos y no olvides voltearlas una sola vez. Pásalas a un plato.

Reduce a fuego medio. Cuece el chalote y los hongos, revolviendo con frecuencia, unos 5 minutos o hasta que se ablanden. Agrega la mostaza, la crema o leche de coco, el vino y la sal. Cocina otros 4 minutos, moviendo de vez en cuando, hasta que se combinen muy bien. Regresa los medallones a la sartén, tapa y déjalos por 5 minutos o hasta que los sabores se mezclen y el cerdo se cueza por completo.

CADA PORCIÓN CONTIENE: 353 calorías, 38 g de proteína, 10 g de carbohidratos, 16 g de grasa total, 6 g de grasa saturada, 1 g de fibra y 657 mg de sodio.

SOLOMILLO DE CERDO ASADO A LA ITALIANA

TIEMPO DE PREPARACIÓN: 5 MINUTOS | **TIEMPO TOTAL:** 30 MINUTOS

Sirve para preparar 4 porciones

El solomillo de cerdo es un corte de carne fácil y delicioso que absorbe los sabores de las hierbas y especias que lo rodean. En esta ocasión utilizamos la combinación de hierbas del Sazonador italiano. Para un mejor sabor, no quites la grasa del solomillo.

Lo que te sobre de este platillo es maravilloso para el almuerzo o incluso para el desayuno.

2 cucharadas de aceite de oliva virgen extra	1 taza de pimientos rojos asados, rebanados
600 g de solomillo de cerdo	1 cebolla, partida a la mitad y rebanada
4 dientes de ajo, picados	2 cucharaditas de Sazonador italiano (página 56)
1 lata (420 g) de corazones de alcachofa en cuartos, escurridos	

Calienta el aceite en una sartén grande a fuego medio-alto. Cocina la carne de cerdo, girando según sea necesario, durante 15 minutos o hasta que un termómetro insertado en el centro de la carne alcance los 71°C y suelte unos jugos claros. Pásala a un plato para servir y cúbrela con papel aluminio para mantener el calor.

Reduce la llama a fuego a medio. Cuece el ajo, las alcachofas, los pimientos, la cebolla y el sazonador, revolviendo de vez en cuando, durante 10 minutos o hasta que se ablande la cebolla. Sirve las verduras con la carne de cerdo.

CADA PORCIÓN CONTIENE: 310 calorías, 38 g de proteínas, 14 g de carbohidratos, 11 g de grasa total, 2 g de grasa saturada, 3 g de fibra y 494 mg de sodio.

CERDO CON SALSA SRIRACHA Y BERENJENAS

TIEMPO DE PREPARACIÓN: 15 MINUTOS | TIEMPO TOTAL: 30 MINUTOS

Sirve para preparar 4 porciones

Si eres fanático del pimiento picante, te encantará esta receta. El platillo de cerdo super-picante y berenjena que te presento explota con el sabor inigualable de la salsa Sriracha. Pero cuidado: ¡Esta receta es para los verdaderos amantes del picante! Otra opción es agregar sólo 1 cucharada de Sriracha para obtener los deliciosos sabores pero sin riesgo.

3	cucharadas de aceite de oliva virgen extra o aceite de coco	1	cebolla amarilla partida a la mitad, rebanada finamente
600 g	de solomillo de cerdo cortado en cubos de poco más de 1 cm	1	pimiento verde grande, cortado en rodajas delgadas
1	berenjena cortada en cubos de poco más de 1 cm	2–4	cucharadas de salsa Sriracha
		½	taza de agua

Calienta 1 cucharada de aceite en una sartén grande a fuego medio-alto. Fríe la carne de cerdo durante 5 minutos, moviendo poco, hasta que se dore. Retírala a un plato. Añade las 2 cucharadas de aceite restante a la sartén. Sofríe la berenjena, la cebolla y el pimiento, revolviendo constantemente durante 3 minutos. Incorpora la salsa Sriracha, el agua, la carne de cerdo y los jugos acumulados. Reduce a fuego medio, tapa la sartén y cocina otros 10 minutos, revolviendo de vez en cuando, hasta que las verduras se ablanden y la carne de cerdo se cueza por completo.

CADA PORCIÓN CONTIENE: 345 calorías, 38 g de proteína, 15 g de carbohidratos, 15 g de grasa total, 3 g de grasa saturada, 5 g de fibra y 247 mg de sodio.

MEDALLONES DE CERDO CON SALSA DE SIDRA

TIEMPO DE PREPARACIÓN: 15 MINUTOS | **TIEMPO TOTAL:** 25 MINUTOS

Sirve para preparar 4 porciones

Este platillo de carne de cerdo es tan sustancial como para servirse en fiestas o hacer una cena muy especial. El jugo y el vinagre, ambos de manzana y reducidos, con el tomillo y la mantequilla, proporcionan una nueva y rica dimensión al sabor del solomillo. Por cierto, para que sepa más sabroso, no le quites la grasa a la carne.

Como opción puedes servir este plato con Berza a la mantequilla (página 123).

½	taza de harina de almendras	2	cucharadas de mantequilla, divididas
¼	cucharadita de sal de mar	1	chalote picado
¼	cucharadita de tomillo seco	1	taza de jugo de manzana (sin azúcar agregada)
600 g	de solomillo de cerdo, cortado en rebanadas de poco más de ½ cm de grueso	2	cucharadas de vinagre de sidra de manzana
2	cucharadas de aceite de oliva virgen extra		

En un plato, combina harina, sal y tomillo. Reboza cada medallón de carne de cerdo en la mezcla de harina para cubrirlo y sacude el exceso.

Calienta el aceite en una sartén grande a fuego medio-alto. Fríe la carne 3 minutos, dándole vuelta una vez hasta que se dore. Pásala a un plato y cubre con papel aluminio para mantener el calor.

En la misma sartén, derrite 1 cucharada de mantequilla. Sofríe el chalote moviendo constantemente, durante 1 minuto o hasta que empiece a ablandarse. Agrega el jugo de manzana y el vinagre y cocina 2 minutos, revolviendo para deshacer cualquier pedacito dorado que quede en el fondo de la sartén. Reduce la llama y cocina a fuego lento durante 5 minutos o hasta que la salsa se haya reducido a la mitad. Añade la cucharada de mantequilla restante y mueve hasta que se derrita.

Regresa la carne de cerdo a la sartén, con los jugos acumulados y déjalo en el fuego 1 minuto más o hasta que esté bien caliente.

CADA PORCIÓN CONTIENE: 421 calorías, 39 g de proteína, 13 g de carbohidratos, 24 g de grasa total, 6 g de grasa saturada, 2 g de fibra y 247 mg de sodio.

JAMBALAYA

Sirve para preparar 4 porciones

Agasaja a tu familia con esta probadita de la picante y condimentada comida estilo cajún. Para esta receta típica de Nueva Orleans ¡sólo necesitarás unos minutos de esfuerzo!

Hay muchas variantes del tradicional platillo criollo, nuestra versión es sin trigo y sin azúcares. Se puede servir con verduras al vapor o sobre un "arroz" de coliflor.

3	cucharadas de aceite de oliva virgen extra o aceite de coco, dividido	240 g	de pechuga de pollo, cortada en cubos de 1 pulgada
1	cebolla amarilla finamente picada	1–2	cucharadas de Sazonador cajún (página 58)
2	dientes de ajo, picados	1	lata (450 g) de jitomates cortados en cubitos
1	pimiento chile jalapeño, sin semillas y picado (usa guantes de plástico para manipularlo)	1	paquete (180 g) de espinaca baby fresca
450 g	de salchicha andouille, rebanada		

Calienta 2 cucharadas de aceite en una sartén grande a fuego medio-alto. Fríe la cebolla, el ajo y la pimienta durante 3 minutos o hasta que empiecen a ablandarse.

Añade la cucharada de aceite restante a la sartén. Agrega la salchicha y el pollo. Tapa y cocina por 5 minutos, revolviendo de vez en cuando, hasta que el pollo y la salchicha estén casi cocidos. Incorpora el sazonador, los jitomates con su jugo y las espinacas. Vuelve a tapar, reduce la llama y cocina a fuego lento, revolviendo una sola vez, durante 5 minutos o hasta que el pollo y las salchichas estén bien cocidas.

CADA PORCIÓN CONTIENE: 443 calorías, 34 g de proteína, 14 g de carbohidratos, 28 g de grasa total, 8 g de grasa saturada, 4 g de fibra y 1 237 mg de sodio.

PIMIENTOS RELLENOS DE SALCHICHA ITALIANA

TIEMPO DE PREPARACIÓN: 10 MINUTOS | TIEMPO TOTAL: 30 MINUTOS

Sirve para preparar 4 porciones

Aunque me encantan los pimientos rellenos, no me gusta el tiempo que se tarda en prepararlos, ni sus típicos rellenos con carbohidratos. Así que les presento una versión de pimientos rellenos que tiene algunos trucos para ahorrar tiempo y además no contiene granos. Esta receta produce un guiso muy sabroso para cubrir un espagueti shirataki o un "arroz" de coliflor.

2 cucharadas de aceite de oliva virgen extra	1 lata (450 g) de jitomates picados
450 g de salchicha italiana molida	1 frasco (480 g) de salsa marinara, dividida
1 cebolla amarilla pequeña, finamente picada	4 pimientos verdes, desvenados (sin el centro y el tallo)
2 dientes de ajo picados	1 cucharada de agua
1 cucharadita de Sazonador italiano (página 56)	

Precalienta el horno a 190°C.

Calienta el aceite en una sartén grande a fuego medio. Sofríe la salchicha, la cebolla, el ajo y el sazonador durante 5 minutos o hasta que la salchicha se dore y la cebolla esté blanda. Agrega los jitomates con su jugo y la mitad de la salsa marinara, tapa y cocina 5 minutos.

Mientras tanto, coloca los pimientos en una fuente para microondas de 23 cm o en un molde para hornear de 20 cm x 20 cm. Agrega el agua y mételo al microondas a máxima potencia durante 5 minutos o hasta que los pimientos estén muy blandos.

Con una cuchara acomoda la pasta de salchicha dentro de los pimientos. Vacía la salsa marinara restante sobre ellos. Hornea durante 10 minutos o hasta que estén bien cocidos.

CADA PORCIÓN CONTIENE: 318 calorías, 22 g de proteína, 21 g de carbohidratos, 17 g de grasa total, 5 g de grasa saturada, 5 g de fibra y 1 475 mg de sodio.

PIZZAS DE PIMIENTO

TIEMPO DE PREPARACIÓN: 5 MINUTOS | **TIEMPO TOTAL:** 25 MINUTOS

Sirve para preparar 4 porciones

Ésta es una variante de la receta de pimientos rellenos ¡que huele y sabe a pizza! La mezcla se puede hacer de muchas maneras diferentes. Por ejemplo, remplaza la salchicha italiana con carne molida de res o pavo, añade Sazonador de tacos (página 57) y utiliza queso mexicano en lugar de mozzarella.

2 cucharadas de aceite de oliva virgen extra	4 pimientos amarillos grandes, cortados a la mitad
450 g de salchicha italiana, deshecha o finamente picada	4 cucharadas de agua
1½ tazas de salsa para pizza	1 taza de queso mozzarella rallado

Precalienta el horno a 190°C.

En una sartén grande a fuego medio, calienta el aceite. Fríe la salchicha, revolviendo constantemente durante 5 minutos o hasta que dore. Agrega la salsa de pizza. Tapa y cocina otros 5 minutos.

Mientras tanto, coloca los pimientos en 2 fuentes para microondas de 23 cm o en un molde para hornear de 8" x 8". Agrega una cucharada de agua a cada uno y mételos al microondas (separados) a máxima potencia durante 5 minutos o hasta que los pimientos estén muy blandos.

Con una cuchara acomoda la mezcla de salchicha de manera uniforme en los pimientos. Cubre con el queso y hornea durante 5 minutos o hasta que el queso se derrita.

CADA PORCIÓN CONTIENE: 393 calorías, 30 g de proteína, 21 g de carbohidratos, 23 g de grasa total, 8 g de grasa saturada, 5 g de fibra y 1 290 mg de sodio

PIZZA DE PROVOLONE, PROSCIUTTO Y ACEITUNAS KALAMATA

TIEMPO DE PREPARACIÓN: 10 MINUTOS | TIEMPO TOTAL: 30 MINUTOS

Sirve para preparar 4 porciones

La combinación de sabores de esta pizza es más adecuada para paladares adultos. Se puede hacer una versión para niños sustituyendo el prosciutto con salami o salchichas en rodajas, y remplazando el provolone con más mozzarella.

MASA PARA PIZZA

2 ½	tazas de Harina multiusos para hornear (página 19)
½	taza de queso mozzarella rallado
¼	cucharadita de sal
1	huevo
2	cucharadas de aceite de oliva virgen extra
½	taza de agua

CUBIERTA

60 g	de queso provolone, cortado en cubitos
½	taza de queso mozzarella rallado
⅔	taza de salsa para pizza (sin azúcar agregada)
60 g	de prosciutto, cortado en trozos de 1"
½	taza de aceitunas kalamata deshuesadas, partidas a la mitad
1	cucharadita de copos de pimienta roja (opcional)

Precalienta el horno a 204°C. Cubre una bandeja para hornear o para pizza con papel vegetal.

Para hacer la masa: En un tazón mediano, combina la Harina multiusos para hornear y el queso. En un tazón pequeño, mezcla huevo, aceite y agua. Vacía esta mezcla en la de la harina y revuelve hasta que esté combinado por completo.

Coloca la masa sobre la bandeja para hornear o para pizza y, con las manos húmedas, haz un círculo de 30 cm, formando un borde exterior. Hornéalo durante 10 minutos. Reduce el calor a 177°C.

Para hacer la cubierta: En un tazón pequeño, mezcla los quesos provolone y mozzarella. Saca la masa del horno y cubre con la salsa, la mezcla de queso, el prosciutto, las aceitunas y los copos de pimienta (si quieres). Hornea 10 minutos o hasta que el queso se derrita.

CADA PORCIÓN CONTIENE: 703 calorías, 31 g de proteína, 24 g de carbohidratos, 58 g de grasa total, 11 g de grasa saturada, 12 g de fibra y 1 288 mg de sodio.

POLLO MARROQUÍ CON PIMIENTOS ASADOS

TIEMPO DE PREPARACIÓN: 10 MINUTOS | TIEMPO TOTAL: 30 MINUTOS

Sirve para preparar 4 porciones

La exótica mezcla de condimentos del Sazonador marroquí tendrá a tu familia pensando que trabajaste por horas para conseguir esta singular combinación de sabor, cuando en realidad ¡te tomó 30 minutos!

1	cucharada de Sazonador marroquí (página 55)	1	cebolla amarilla, partida en cuatro y rebanada
1	cucharadita de sal de mar	240 g	de hongos cremini (o baby bella), partidos en cuatro
4	pechugas de pollo, deshuesadas, sin piel y partidas a la mitad	1	frasco (200 g) de pimientos rojos asados, escurridos y cortados en rebanadas de 1 cm de ancho
¼	taza de aceite de oliva virgen extra, dividido		

En un tazón pequeño, combina el sazonador y la sal. Frota la mitad de esta mezcla sobre las pechugas de pollo.

En una sartén grande a fuego medio-alto, calienta 2 cucharadas de aceite. Cocina las pechugas durante 5 minutos, dándoles vuelta, hasta que estén doradas por ambos lados. Pásalas a un plato y reserva.

Añade las 2 cucharadas restantes de aceite, la cebolla, los hongos y el sazonador que te quedó en la sartén. Cuece 5 minutos o hasta que los vegetales estén dorados.

Agrega el pollo reservado a la sartén y los pimientos. Reduce el fuego a medio-bajo, tapa y cocina a fuego lento durante 10 minutos o hasta que un termómetro insertado en la parte más gruesa del pollo registre 74°C y los jugos sean transparentes.

CADA PORCIÓN CONTIENE: 354 calorías, 38 g de proteína, 8 g de carbohidratos, 19 g de grasa total, 3 g de grasa saturada, 2 g de fibra y 620 mg de sodio.

MUSLOS DE POLLO PICANTES

TIEMPO DE PREPARACIÓN: 5 MINUTOS | **TIEMPO TOTAL:** 30 MINUTOS

Sirve para preparar 8 porciones

Debido a que las alas de pollo tardan más de 30 minutos en prepararse, usamos muslos sin hueso para tener todo el sabor en menos tiempo. Si prefieres un picor más suave, puedes sumergir el pollo en la salsa antes de hornearlo. Esta salsa también es fantástica con las alitas. Otras variantes son usar Salsa barbacoa (página 35) o Salsa de jengibre y miso (página 37) en lugar de la salsa que hacemos en esta receta. Sirve este platillo sólo, con Aderezo ranch (página 45) o con un dip de queso azul sin azúcar.

1300 g	libras de muslos de pollo, deshuesados y sin piel
½	cucharadita de sal de mar

½	cucharadita de pimienta negra molida
¼	taza de mantequilla derretida
¼	taza de salsa de pimiento picante

Precalienta el horno a 218ºC.

Coloca los muslos de pollo en una bandeja para hornear con borde. Espolvorea con la sal y la pimienta negra. Hornea durante 20 minutos o hasta que un termómetro insertado en la parte más gruesa registre 74º C y los jugos salgan claros.

Mientras tanto, en un tazón grande, combina la mantequilla derretida y la salsa picante. Añade el pollo caliente y revuelve para cubrir muy bien.

CADA PORCIÓN CONTIENE: 509 calorías, 66 g de proteína, 0 g de carbohidratos, 26 g de grasa total, 11 g de grasa saturada, 0 g de fibra y 1 072 mg de sodio.

POLLO CON CURRY ROJO TAILANDÉS

TIEMPO DE PREPARACIÓN: 10 MINUTOS | **TIEMPO TOTAL:** 30 MINUTOS

Sirve para preparar 4 porciones

Los platillos tailandeses hacen uso de las maravillosas propiedades del coco, héroe anónimo del mundo sin trigo. Este pollo con curry rojo tailandés se puede hacer tan picante como quieras, sólo ajusta la cantidad de curry rojo que agregues a la Salsa de curry rojo tailandés.

Para agregar variedad a esta receta, puedes añadir o sustituir otros vegetales, como calabacín o zanahorias en rodajas o arvejas. Del mismo modo, sustituir el pollo por carne de cerdo o de res.

2	cucharadas de aceite de coco
675 g	de pechugas de pollo, deshuesadas, sin piel, cortadas en pedazos de 2 cm
3	dientes de ajo picados
5	cebollitas cambray picadas
1	pimiento rojo en rodajas finas
120 g	de hongos shiitake en rodajas
1	lata (240 g) de brotes de bambú, escurridos y en rodajas
¾	taza de Salsa de curry rojo tailandés (página 36)
¼	taza de cilantro o albahaca tailandesa, picado

Calienta el aceite en una sartén grande a fuego medio-alto. Fríe el pollo 5 minutos o hasta que empiece a dorarse por todos lados, pero que no esté cocido por completo. Pasa a un plato y reserva.

En la misma sartén mezcla el ajo, las cebollitas, el pimiento, los hongos y los brotes de bambú. Cuécelos, revolviendo de forma constante, durante 3 minutos o hasta que el pimiento esté un poco dorado. Agrega el pollo reservado, con sus jugos acumulados, y la salsa de curry. Revuelve para integrar y sumergir el pollo en el líquido. Reduce a fuego medio, tapa y cocina, moviendo de vez en cuando, durante 10 minutos o hasta que el pollo esté bien cocido. Añade el cilantro o la albahaca.

CADA PORCIÓN CONTIENE: 490 calorías, 41 g de proteína, 12 g de carbohidratos, 32 g de grasa total, 25 g de grasa saturada, 4 g de fibra y 566 mg de sodio.

KID-FRIENDLY

POLLO CON JENGIBRE Y MISO

TIEMPO DE PREPARACIÓN: 5 MINUTOS | TIEMPO TOTAL: 20 MINUTOS

Sirve para preparar 4 porciones

Al usar la Salsa de jengibre y miso ya preparada, se reduce el tiempo para cocinar este pollo estilo asiático, lleno de sabores como jengibre, miso, wasabi y sésamo. Sírvelo con espinacas al vapor, encima de unos fideos shirataki o de un "arroz" de coliflor.

3	cucharadas de aceite de oliva virgen extra o aceite de coco, dividido	240 g	de hongos shiitake rebanados
675 g	de chuletas de pollo	½	taza de Salsa de jengibre y miso (página 37)
4	cebollitas cambray en rodajas		

Calienta 2 cucharadas de aceite en una sartén grande a fuego medio-alto. Fríe 2 minutos el pollo, voltéalo una vez, hasta que se dore. Si es necesario, trabájalo en partes. Pásalo a un plato y resérvalo.

Reduce la llama a fuego medio. Agrega la cucharada restante de aceite a la sartén. Cocina las cebollitas cambray y los hongos, revolviendo de forma constante, durante 2 minutos o hasta que los hongos estén ligeramente dorados. Coloca el pollo reservado encima de la mezcla de hongos y cebollitas cambray y luego vierte la salsa de jengibre sobre el pollo. Tapa y cuece durante 10 minutos o hasta que el pollo esté bien cocido y sus jugos salgan transparentes.

CADA PORCIÓN CONTIENE: 412 calorías, 39 g de proteína, 8 g de carbohidratos, 24 g de grasa total, 3 g de grasa saturada, 3 g de fibra y 492 mg de sodio.

POLLO CON NUEZ PECANA Y MAPLE

TIEMPO DE PREPARACIÓN: 10 MINUTOS | **TIEMPO TOTAL:** 20 MINUTOS

Sirve para preparar 4 porciones

La dulce y crujiente cubierta, hace que esta rápida y fácil receta sea un platillo adecuado para los niños.

La harina de pacana se puede comprar ya hecha. Otra opción es moler las nueces enteras en un procesador de alimentos o un molinillo de café.

½ taza de harina de nuez pecana o pecanas molidas

¼ cucharadita de sal de mar

2 cucharadas de mantequilla derretida

1 cucharada de jarabe de maple, sin azúcar

450 g de chuletas de pollo

1 cucharada de mantequilla

1 cucharada de aceite de oliva

En un tazón poco profundo o un molde para tarta, mezcla la harina de nuez pecana o pecanas molidas y la sal. En otro tazón igual, combina las 2 cucharadas de mantequilla derretida y el jarabe. Sumerge cada chuleta en la mezcla de mantequilla, cubriendo de forma uniforme por ambos lados. Rebózalas en la mezcla de nueces, presionando un poco para cubrir los dos lados.

En una sartén grande a fuego medio, calienta 1 cucharada de mantequilla y 1 de aceite de oliva. Fríe las chuletas durante 8 minutos, dándoles vuelta una vez, hasta que el pollo esté bien cocido y los jugos salgan transparentes.

CADA PORCIÓN CONTIENE: 290 calorías, 25 g de proteína, 2 g de carbohidratos, 20 g de grasa total, 7 g de grasa saturada, 1 g de fibra y 353 mg de sodio.

POLLO ENROLLADO EN TOCINO CON SALSA BARBACOA

TIEMPO DE PREPARACIÓN: 10 MINUTOS | **TIEMPO TOTAL:** 25 MINUTOS

Sirve para preparar 4 porciones

Fácil y rápida, esta nutritiva comida tiene algo para satisfacer a cada miembro de la familia. Si sobra algo, como tiene tocino ¡es perfecto para el desayuno!

4 pechugas de pollo, deshuesadas y sin piel, partidas a la mitad	8 cebollitas cambray, cortadas en trozos de 2"
12 rebanadas de tocino	⅛ cucharadita de sal
120 g de jitomates cherry, partidos a la mitad (¾ de taza)	½ taza de Salsa barbacoa (página 35)

Coloca la rejilla del horno a 15 cm de la fuente de calor y precalienta el asador. Cubre una bandeja con papel aluminio.

Envuelve 3 rebanadas de tocino alrededor de cada media pechuga de pollo y acomódalas en la bandeja.

Mét180lo al asador durante 6 minutos o hasta que el tocino empiece a estar crujiente y de color marrón. Sácalo del horno y voltea el pollo. Agrega los jitomates y las cebolletas alrededor de las pechugas y espolvorea con la sal. Regrésalas al horno y ásalas durante 6 minutos o hasta que el tocino esté bien cocido y un termómetro insertado en la porción más gruesa del pollo registre 74°C y los jugos salgan claros.

Añade 2 cucharadas de Salsa de barbacoa sobre cada mitad de pechuga de pollo. Revuelve las verduras y asa 1 minuto más.

CADA PORCIÓN CONTIENE: 545 calorías, 45 g de proteína, 11 g de carbohidratos, 37 g de grasa total, 13 g de grasa saturada, 2 g de fibra y 875 mg de sodio.

CHULETAS DE POLLO ESTILO CAJÚN

TIEMPO DE PREPARACIÓN: 5 MINUTOS | TIEMPO TOTAL: 20 MINUTOS

Sirve para preparar 4 porciones

Puedes ahorrar mucho tiempo al preparar este picante pollo si utilizas el Sazonador cajún. Este platillo combina perfecto con las Espinacas gratinadas.

3 cucharadas de Mayonesa (página 40 o comprada)

2 cucharadas de harina de almendra

1 cucharada de Sazonador cajún (página 58)

1 cucharadita de Sriracha o salsa picante (opcional)

½ cucharadita de sal de mar

4 pechugas de pollo, deshuesadas y sin piel, partidas a la mitad

Espinacas gratinadas (opcional, página 128)

Precalienta el horno a 218°C. Cubre una bandeja con papel para hornear o aluminio.

En un tazón pequeño, mezcla mayonesa, harina de almendras, mezcla de condimentos, salsa Sriracha o salsa picante (si quieres) y sal.

Coloca las pechugas de pollo en la bandeja y unta la parte superior de cada una, de manera uniforme, con la mezcla de mayonesa.

Hornea unos 15 minutos o hasta que un termómetro insertado en la parte más gruesa del pollo registre 74°C y los jugos salgan claros. Si deseas que estén más doradas, ásalas de 2 a 3 minutos. Si las vas a servir con espinacas gratinadas, prepáralas mientras el pollo se está horneando.

CADA PORCIÓN CONTIENE: 263 calorías, 31 g de proteína, 2 g de carbohidratos, 14 g de grasa total, 2 g de grasa saturada, 1 g de fibra y 517 mg de sodio.

PICCATA DE POLLO

TIEMPO DE PREPARACIÓN: 5 MINUTOS | TIEMPO TOTAL: 30 MINUTOS

Sirve para preparar 4 porciones

El método clásico para hacer *piccata* es cortar, cubrir y saltear carne en una salsa picante. Bien, ahora hace su reaparición en esta versión saludable sin trigo. El conocido y delicioso sabor mediterráneo producido por aceite de oliva, limón, alcaparras y mantequilla combina con verduras al vapor, hongos salteados en mantequilla o "arroz" de coliflor.

El pollo se puede sustituir por carne de res, chuletas de cerdo, pescado blanco o berenjena en rodajas.

½	taza de harina de almendras
¼	cucharadita de sal de mar
500 g	libras de chuletas de pollo
¼	taza de aceite de oliva virgen extra
½	taza de caldo de pollo

1	chalote mediano (o 1 diente de ajo grande) picado
¼	taza de jugo de limón
2	cucharadas de alcaparras
3	cucharadas de mantequilla sin sal en rebanadas
2	cucharadas de perejil fresco picado

En un tazón o molde para tarta, combina la harina de almendras y la sal. Cubre las chuletas con la mezcla de harina y sacude el exceso.

En una sartén grande a fuego medio, calienta el aceite. Trabaja en partes si es necesario. Fríe el pollo 6 minutos, voltéalo una vez. Cuando esté dorado, bien cocido y los jugos sean transparentes, pásalo a un plato caliente y cúbrelo con papel de aluminio (sin aplastarlo).

Añade el caldo y el chalote (o ajo) a la sartén, aumenta la llama a fuego alto y revuelve con una cuchara de madera o espátula para aflojar cualquier pedacito dorado que haya quedado. Hierve durante 4 minutos o hasta que el caldo se reduzca a la mitad. Agrega el jugo de limón y las alcaparras y déjalo a fuego lento otros 2 minutos. Retira del fuego, incorpora la mantequilla, revolviendo hasta que se derrita y espese la salsa. Agrega el perejil. Vacía la salsa sobre el pollo.

CADA PORCIÓN CONTIENE: 462 calorías, 35 g de proteína, 4 g de carbohidratos, 34 g de grasa total, 9 g de grasa saturada, 2 g de fibra y 485 mg de sodio.

POLLO PAPRIKASH

TIEMPO DE PREPARACIÓN: 10 MINUTOS | **TIEMPO TOTAL:** 30 MINUTOS

Sirve para preparar 4 porciones

El sabor de este tradicional platillo húngaro se define por el pimiento rojo y el pimentón, lo que resalta el sabor del pollo, la cebolla y la crema agria. Por eso trata de utilizar pimiento fresco y dulce y pimentón de la mejor calidad que se ajuste a tu presupuesto.

Este plato es perfecto sobre unos Fideos de calabacita (página 130).

2	cucharadas de aceite de oliva virgen extra
1	cebolla, cortada en rodajas finas
1	pimiento rojo grande, en rodajas finas
600 g	de palitos de pollo

2	dientes de ajo picados
2	cucharadas de pimentón ahumado
½	cucharadita de sal de mar
½	taza de caldo de pollo
1	taza de crema agria

En una sartén grande a fuego medio-alto, calienta el aceite. Fríe la cebolla y el pimiento, revolviendo con frecuencia, durante 5 minutos o hasta que estén un poco dorados. Agrega los palitos de pollo y cuece otros 5 minutos, dándoles vuelta hasta que se doren. Añade el ajo, el pimentón y la sal. Cocina durante 2 minutos revolviendo de forma constante.

Añade el caldo. Reduce la llama a fuego medio-bajo, tapa y cocina a fuego lento 5 minutos o hasta que el pollo esté bien cocido y los jugos sean transparentes. Agrega la crema agria.

CADA PORCIÓN CONTIENE: 396 calorías, 39 g de proteína, 10 g de carbohidratos, 22 g de grasa total, 8 g de grasa saturada, 3 g de fibra y 481 mg de sodio.

POLLO ALFREDO CON PIMIENTO ROJO ASADO

TIEMPO DE PREPARACIÓN: 10 MINUTOS | **TIEMPO TOTAL:** 25 MINUTOS

Sirve para preparar 4 porciones

He aquí una versión del pollo cremoso en salsa Alfredo, sin productos lácteos ni trigo, que además, incorpora el delicioso sabor del pimiento rojo asado.

1 lata (420 g) de leche de coco	450 g de palitos de pollo, cortados en piezas de 2 cm
1 pimiento rojo grande asado (de frasco) picado en trozos grandes	½ cucharadita de sal
3 paquetes (240 g cada uno) de fettuccine Shirataki, enjuagados y escurridos	3 dientes de ajo picados
	½ taza de queso parmesano rallado
2 cucharadas de aceite de oliva virgen extra	2 cucharadas de albahaca fresca picada

En una licuadora o procesador de alimentos, combina la leche de coco y el pimiento durante 1 minuto y resérvalo.

Prepara el fettuccine como se indica en el paquete. Escúrrelo.

Mientras tanto, en una cacerola grande a fuego medio-alto, calienta el aceite. Espolvorea el pollo con la sal y fríe 5 minutos o hasta que el pollo esté a medio cocer. Agrega el ajo y cocina, revolviendo durante 1 minuto. Añade la mezcla de leche de coco reservada.

Calienta hasta que empiece a hervir y reduce la llama. Cocina a fuego lento durante 5 minutos. Agrega el queso y la albahaca y déjalo otros 2 minutos o hasta que la salsa espese un poco. Incorpora el fettuccine y revuelve muy bien para que todo quede bien cubierto de salsa.

CADA PORCIÓN CONTIENE: 441 calorías, 30 g de proteína, 6 g de carbohidratos, 34 g de grasa total, 22 g de grasa saturada, 2 g de fibra y 503 mg de sodio.

HAMBURGUESAS DE PAVO ESTILO CAJÚN

TIEMPO DE PREPARACIÓN: 5 MINUTOS | **TIEMPO TOTAL:** 15 MINUTOS

Sirve para preparar 4 porciones

Estas hamburguesas de pavo explotan con los sabores fuertes del Sazonador cajún. Si ya lo tienes hecho, entonces las hamburguesas estarán listas para comer en 15 minutos. Para cambiarle un poco, sustituye el condimento con cualquiera de los otros sazonadores.

Sírvelas con queso monterey jack, asiago o cheddar, jitomate en rodajas y rúcula. Si quieres puedes hacer la típica hamburguesa usando unos Muffins básicos para sándwich (página 24) como pan.

450 g de carne de pavo molida

2 cucharadas de Sazonador cajún (página 58)

1 cucharada de salsa de pimiento picante (opcional)

2 cucharadas de aceite de oliva virgen extra o aceite de coco

En un tazón grande, combina el pavo, la mezcla de condimentos y la salsa picante (si quieres) y mezcla muy bien. Forma 4 hamburguesas.

Calienta el aceite en una sartén grande a fuego medio. Fríe las hamburguesas 8 minutos, voltéalas una vez o hasta que un termómetro insertado en el centro registre 74°C y la carne esté bien cocida.

CADA PORCIÓN CONTIENE: 239 calorías, 23 g de proteína, 2 g de carbohidratos, 16 g de grasa total, 3 g de grasa saturada, 1 g de fibra y 271 mg de sodio.

RELOJ ANARANJADO GLASEADO DE MISO

TIEMPO DE PREPARACIÓN: 5 MINUTOS | **TIEMPO TOTAL:** 20 MINUTOS

Sirve para preparar 4 porciones

El asiático y agrio sabor de la Salsa de jengibre y miso se usa para crear este platillo de pescado en un instante.

Puedes sustituir al reloj anaranjado por cualquier pescado blanco, como bacalao, merluza, mero o trucha.

675 g de filetes de reloj anaranjado

¼ taza de Salsa de jengibre y miso (página 37)

1 cucharada de cilantro picado para adornar

Precalienta el horno a 190°C.

Acomoda los filetes de pescado en una fuente para horno de cerca de 33 y 22 cm Cubre cada uno con la salsa de jengibre. Hornea durante 15 minutos o hasta que se desmenucen con facilidad. Espolvorea el cilantro y sirve.

CADA PORCIÓN CONTIENE: 136 calorías, 20 g de proteína, 1 g de carbohidratos, 5 g de grasa total, 0.5 g de grasa saturada, 0 g de fibra y 226 mg de sodio.

KID-FRIENDLY

PESCADO ESTILO CAJÚN CON SALSA CREMOSA DE CAMARONES

TIEMPO DE PREPARACIÓN: 5 MINUTOS | TIEMPO TOTAL: 20 MINUTOS

Sirve para preparar 4 porciones

El sabor del pimiento del Sazonador cajún y la salsa cremosa de camarones dan vida al ligero sabor de cualquier pescado blanco, como bacalao, merluza, lenguado o reloj anaranjado.

PESCADO

- 4 filetes de bacalao, merluza u otro pescado blanco (450 g)
- 2 cucharadas de mantequilla derretida
- 2 cucharaditas de jugo de limón
- 1 cucharadita de Sazonador cajún (página 58)

SALSA

- 2 cucharadas de mantequilla
- 125 g de camarones medianos, pelados y limpios, picados
- 2 cucharadas de cebollín picado
- 90 g de queso crema en cubos
- 1 taza de crema o leche condensada
- ⅛ cucharadita de sal marina

Para preparar el pescado: Precalienta el horno a 190°C. Engrasa un molde para horno de 33 x 22 cm

Coloca los filetes de pescado en el molde. En un tazón pequeño, combina la mantequilla derretida, el jugo de limón y el sazonador. Unta esta mezcla sobre los filetes. Hornea durante 15 minutos o hasta que el pescado se desmenuce de forma fácil. Mientras el pescado está en el horno, prepara la salsa de camarones.

Para preparar la salsa: En una sartén mediana a fuego medio-alto, derrite 1 cucharada de la mantequilla. Sofríe los camarones y los cebollinos, revolviendo con frecuencia, durante 2 minutos o hasta que los camarones se vuelvan color rosa. Acomoda los camarones hacia la orilla de la sartén y reduce la llama. Agrega la cucharada restante de mantequilla y el queso crema en el centro, revolviendo hasta que estén blandos y fundidos entre sí. Incorpora la crema o leche condensada y la sal. Cocina a fuego lento, integrando todo y moviendo con frecuencia, durante 5 minutos o hasta que la salsa esté espesa y empiece a burbujear. Retira del fuego.

Sirve los filetes cubiertos con la salsa cremosa de camarones.

CADA PORCIÓN CONTIENE: 407 calorías, 27 g de proteína, 4 g de carbohidratos, 31 g de grasa total, 19 g de grasa saturada, 0 g de fibra y 483 mg de sodio.

BACALAO CON COSTRA DE PARMESANO

TIEMPO DE PREPARACIÓN: 5 MINUTOS | **TIEMPO TOTAL:** 20 MINUTOS

Sirve para preparar 4 porciones

La combinación de queso parmesano rallado con Sazonador italiano ¡puede avergonzar a cualquier empanizador tradicional! Si quieres, puedes sustituir el bacalao por tilapia.

¼ taza de queso parmesano rallado

½ cucharadita de Sazonador italiano (página 56)

675 g de bacalao, cortado en 4 pedazos

2 cucharadas de aceite de oliva

Precalienta el horno a 190°C.

En un tazón pequeño, mezcla el queso y el sazonador.

Acomoda el bacalao en una fuente para horno de 33 x 22 cm. Barniza con el aceite y cubre con la mezcla de queso.

Hornea 15 minutos o hasta que se desmenuce con facilidad.

CADA PORCIÓN CONTIENE: 175 calorías, 22 g de proteína, 1 g de carbohidratos, 9 g de grasa total, 2 g de grasa saturada, 0 g de fibra y 138 mg de sodio.

FILETE DE PESCADO AMANDINE

TIEMPO DE PREPARACIÓN: 10 MINUTOS | TIEMPO TOTAL: 20 MINUTOS

Sirve para preparar 4 porciones

He aquí la recreación de una clásica receta de pescado blanco en la que se deshace con el tenedor y salen de golpe los embriagadores y combinados olores y sabores del limón, la mantequilla y el pescado, con la crujiente textura que nos dan las almendras tostadas.

Puedes sustituir el filete de tilapia por lenguado, mero u otro pescado blanco.

½ taza de harina de almendras	3 cucharadas de aceite de oliva virgen extra, divididas
¼ cucharadita de cebolla en polvo	½ taza de almendras fileteadas
¼ cucharadita de sal de mar	1 cucharada de mantequilla
⅛ cucharadita de pimienta roja molida (opcional)	2 cucharadas de jugo de limón
4 filetes de tilapia (450 g)	4 rodajas de limón

Precalienta el horno a 177°C.

En un tazón poco profundo o un molde para tarta, combina la harina de almendra, la cebolla en polvo, la sal y la pimienta roja (si es que le vas a poner). Enharina el pescado, presionando suavemente para cubrir ambos lados.

En una sartén grande a fuego medio-alto, calienta 2 cucharadas de aceite. Fríe los filetes (con las partes más gruesas hacia el centro de la sartén) durante 10 minutos, dándoles vuelta una vez. Añade la cucharada restante de aceite y cocina hasta que se desmenucen con facilidad.

Mientras tanto, extiende las almendras en una bandeja y hornéalas 5 minutos o hasta que se doren.

Con mucho cuidado pasa los filetes a un plato. Pon la mantequilla en la sartén caliente y agrega las almendras tostadas, revolviendo para cubrir con la mantequilla. Incorpora el jugo de limón y revuelve. Vierte las almendras con mantequilla y el jugo que haya quedado sobre cada filete. Sirve adornando con las rodajas de limón.

CADA PORCIÓN CONTIENE: 354 calorías, 26 g de proteína, 6 g de carbohidratos, 26 g de grasa total, 6 g de grasa saturada, 3 g de fibra y 215 mg de sodio.

170 | PLATOS PRINCIPALES

PALITOS DE PESCADO CON COSTRA DE COCO

TIEMPO DE PREPARACIÓN: 10 MINUTOS | **TIEMPO TOTAL:** 25 MINUTOS

Sirve para preparar 4 porciones

Estos crujientes palitos de pescado con costra de coco son una forma diseñada para que los niños y sus familias coman más este saludable alimento. Si quieres una cobertura con más queso, añade una cucharada de parmesano rallado al coco.

Sirve con ensalada de col o con verduras al vapor.

- ¾ taza de coco rallado sin azúcar
- ⅓ taza de semillas molidas de lino dorado
- ½ cucharadita de sal de mar

- ¼ taza de mantequilla derretida
- 450 g de filetes de bacalao o merluza, cortados en palitos de 1 cm por 7 cm

Precalienta el horno a 204°C.

Coloca la rejilla sobre una bandeja para hornear y engrásala con aceite de oliva o de coco.

En un plato hondo o un molde para tarta, combina el coco, las semillas de lino y la sal. Vierte la mantequilla derretida en un tazón poco profundo. Sumerge los palitos de pescado en la mantequilla, sacude el exceso. Rebózalos en la mezcla de coco, volteándolos para cubrirlos por completo. Colócalos en la rejilla. Cúbrelos con una ligera capa de aceite en aerosol o barnízalos con aceite de oliva o de coco.

Hornea durante 15 minutos o hasta que el recubrimiento esté dorado y el pescado se desmenuce de forma fácil.

CADA PORCIÓN CONTIENE: 365 calorías, 23 g de proteína, 7 g de carbohidratos, 27 g de grasa total, 17 g de grasa saturada, 5 g de fibra y 460 mg de sodio.

KID-FRIENDLY

SALMÓN SELLADO SOBRE ENSALADA DE ESPINACAS Y SÉSAMO

TIEMPO DE PREPARACIÓN: 5 MINUTOS | TIEMPO TOTAL: 15 MINUTOS

Sirve para preparar 4 porciones

Con esta rápida, pero elegante receta de salmón sellado, ahorrarás tiempo y sólo usarás una sartén.

Si tienes tiempo, pon a cocer las espinacas al vapor por separado, escúrrelas y luego agrega la Salsa de jengibre y miso.

1 cucharada de aceite de coco	2 paquetes de espinacas frescas (180 g cada uno)
4 filetes de salmón (más o menos de 240 g cada uno)	½ taza de Salsa de jengibre y miso (página 37)

Calienta el aceite en una sartén grande a fuego medio-alto. Fríe los filetes de salmón 5 minutos. Voltéalos y cúbrelos con las espinacas. Agrega la salsa de jengibre y miso sobre las espinacas. Tapa y cocina por 3 minutos o hasta que el salmón esté opaco y las espinacas cocidas.

Sirve las espinacas en un plato, encima coloca salmón y rocía con el jugo de la sartén.

CADA PORCIÓN CONTIENE: 570 calorías, 46 g de proteína, 5 g de carbohidratos, 40 g de grasa total, 10 g de grasa saturada, 2 g de fibra y 464 mg de sodio.

CROQUETAS DE SALMÓN

TIEMPO DE PREPARACIÓN: 10 MINUTOS | **TIEMPO TOTAL:** 20 MINUTOS

Sirve para preparar 4 porciones

En esta versión reinventada de las tartas de pescado, los fuertes sabores de las hierbas provenzales le dan vida a un sencillo salmón enlatado.

¼ taza de Mayonesa (página 40 o comprada)

1 tallo de apio, finamente picado

1 cucharada de jugo de limón fresco

1 cucharadita de Hierbas provenzales (página 59)

¾ cucharadita de mostaza en polvo

2 latas (180 g cada una) de salmón rosa, sin piel, sin espinas, escurrido y en copos

1 huevo, ligeramente batido

½ taza de semillas molidas de lino dorado

2 cucharadas de aceite de oliva virgen extra

8 cucharaditas de Mayonesa al ajo untable (página 41)

En un tazón mediano, combina mayonesa, apio, jugo de limón, hierbas provenzales, mostaza, salmón, huevo y semillas de lino. Mezclar muy bien y forma ocho tortitas de 5 cm.

En una sartén grande a fuego medio, calienta el aceite. Fríe las croquetas 6 minutos, moviéndolas para que se doren por todas partes. Sirve con la Mayonesa al ajo untable.

CADA PORCIÓN CONTIENE: 404 calorías, 20 g de proteína, 5 g de carbohidratos, 35 g de grasa total, 4 g de grasa saturada, 4 g de fibra y 437 mg de sodio.

HAMBURGUESAS DE SALMON Y PORTOBELLO

TIEMPO DE PREPARACIÓN: 10 MINUTOS | TIEMPO TOTAL: 20 MINUTOS

Sirve para preparar 4 porciones

Si bien estas hamburguesas de salmón van bien en hongos portobello (como en esta receta), también se pueden hacer como sándwich, entre 2 rebanadas de Focaccia básica (página 21), aderezados con Mayonesa al ajo untable (página 41). Si quieres una versión picante, agrega un pimiento jalapeño desvenado y finamente picado a la mezcla y ponle cilantro en vez de eneldo.

4 **hongos portobello grandes (entre 10 y 13 cm de diámetro), sin tallo**

3 **cucharadas de aceite de coco o aceite de oliva extra virgen, divididas**

¾ **cucharadita de sal de mar**

2 **cebolletas o ¼ de cebolla amarilla, picadas finamente**

½ **pimiento rojo asado, finamente picado**

2 **latas (180 g cada una) de salmón rosa, sin piel, sin espinas, escurrido y en copos**

1 **huevo, ligeramente batido**

¼ **taza de semillas molidas de lino dorado**

2 **cucharadas de eneldo fresco picado**

Precalienta el horno a 204°C.

Barniza la parte superior de los hongos con 1½ cucharadas de aceite y acomódalos en una fuente para horno (con la parte cubierta de aceite para abajo). Rocía ½ cucharada de aceite sobre las laminillas de los hongos y espolvorea con ¼ de cucharadita de sal. Hornéalos 10 minutos.

Mientras tanto, en un tazón mediano, mezcla cebolletas o cebolla, pimiento, salmón, huevo, semillas de lino, eneldo y la ½ cucharadita de sal restante. Mezcla muy bien y forma 4 hamburguesas.

En una sartén mediana a fuego medio, calienta la cucharada de aceite restante. Fríe las hamburguesas durante 4 minutos o hasta que se doren. No olvides voltearlas.

Coloca 1 hamburguesa en la parte superior de cada hongo. Hornea 5 minutos o hasta que estén bien cocidas.

CADA PORCIÓN CONTIENE: 258 calorías, 20 g de proteína, 7 g de carbohidratos, 17 g de grasa total, 10 g de grasa saturada, 4 g de fibra y 570 mg de sodio.

TACOS DE PESCADO CON CREMA DE CHIPOTLE Y AGUACATE

TIEMPO DE PREPARACIÓN: 10 MINUTOS | **TIEMPO TOTAL:** 20 MINUTOS

Sirve para preparar 4 porciones

He aquí un "taco" light. Para hacerlo, usamos hojas de lechuga rellenas con aguacate picante y pescado. Claro que si quieres, puedes poner Tortillas (página 29) o Wraps de semillas de lino (página 26) en lugar de lechuga.

Los pimientos chipotle en salsa de adobo son pimientos jalapeños maduros y ahumados que se revuelven en una salsa a base de jitomate. Tienen un sabor distintivo y, por lo general, los encuentras en la sección internacional de los supermercados.

Si prefieres una salsa más picante, puedes agregar más Sazonador cajún al momento de hacer la mezcla. Si la quieres menos picante, reduce el sazonador a la mitad.

¼	taza de mantequilla derretida	½	taza de crema agria
2	latas de pimientos chiles en salsa de adobo, picados	½	cucharadita de sazonador de mariscos o Sazonador cajún (página 58)
3	cucharadas de jugo de limón, divididas	1	aguacate maduro, sin hueso, pelado y partido a la mitad
3	cucharaditas de ralladura de limón, divididas	8	hojas de lechuga medianas (iceberg, romana o Bibb)
½	cucharadita de sal, dividida	1½	tazas de berza finamente rallada
550 g	de pescado blanco como bacalao, mero o tilapia, cortado en 4 pedazos		Rodajas de limón (opcional)

En un tazón pequeño, combina la mantequilla, 1 lata de pimientos, 1 cucharada de jugo de limón, 2 cucharaditas de ralladura de limón y ¼ de cucharadita de sal. Revuelve bien. Aplica esta mezcla a los dos lados de los filetes de pescado. Aplica una capa ligera de aerosol para cocinar sobre una plancha o una sartén y calienta a fuego medio-alto. Asa los filetes 8 minutos, voltéalos una vez, hasta que se desmenucen con facilidad. Pásalos a un plato y cúbrelos con papel aluminio.

Mientras tanto, en una licuadora o procesador de alimentos, mezcla la crema agria, el sazonador, el aguacate, la otra lata de pimientos, las 2 cucharadas restantes de jugo de limón, la cucharadita que sobra de ralladura y el ¼ de cucharadita de sal que queda. Licua o revuelve durante 30 segundos o hasta que esté suave. Colócala en un tazón pequeño.

Desmenuza el pescado con un tenedor y acomódalo dentro de las hojas de lechuga. Cubre con la crema de chipotle y aguacate y la berza. Si quieres, puedes servirlos con rodajas de limón.

CADA PORCIÓN CONTIENE: 384 calorías, 28 g de proteína, 10 g de carbohidratos, 27 g de grasa total, 13 g de grasa saturada, 4 g de fibra y 428 mg de sodio.

ARROZ CON CAMARONES CARIBEÑOS

TIEMPO DE PREPARACIÓN: 10 MINUTOS | TIEMPO TOTAL: 25 MINUTOS

Sirve para preparar 4 porciones

Yo uso el Sazonador cajún para este platillo rápido y fácil, pero prueba la exótica combinación del Caribe usando jengibre, cilantro y limón.

½ coliflor grande, dividida en ramitos

2 cucharadas de aceite de oliva virgen extra

4 cebollitas de cambray en rodajas

1 pimiento rojo, rebanado finamente

1 lata (435 g) de jitomates cortados en cubitos

1 cucharadita de Sazonador cajún (página 58)

2 cucharadas de jengibre fresco rallado o 2 cucharaditas de jengibre molido

450 g de camarones medianos pelados y limpios, sin cola

Jugo de 1 limón pequeño

2 cucharadas de cilantro, picado de forma gruesa

Tritura la coliflor con un procesador de alimentos (o un rallador). Usa el tamaño más grande de agujeros. Colócala en un tazón apto para microondas. Tapa y hornea a potencia alta 4 minutos o hasta el punto deseado, revolviendo una sola vez. Apártala.

En una sartén grande a fuego medio-alto, calienta el aceite. Fríe las cebollitas y el pimiento, revolviendo con frecuencia, durante 5 minutos o hasta que estén ligeramente dorados. Agrega los jitomates, el sazonador y el jengibre. Cuece 1 minuto o hasta que hierva a fuego lento. Añade los camarones, tapa y cuece otros 3 minutos o hasta que los camarones estén cocidos.

Incorpora el "arroz" de coliflor reservado, el jugo de limón y el cilantro. Cocina 2 minutos o hasta que esté bien caliente.

CADA PORCIÓN CONTIENE: 206 calorías, 18 g de proteína, 14 g de carbohidratos, 9 g de grasa total, 1 g de grasa saturada, 3 g de fibra y 917 mg de sodio.

JITOMATES RELLENOS DE CAMARÓN

TIEMPO DE PREPARACIÓN: 15 MINUTOS | TIEMPO TOTAL: 15 MINUTOS

Sirve para preparar 4 porciones

El limón y aguacate se mezclan con los sabores del jitomate y resulta una forma nueva e interesante de disfrutar los camarones. Para un mejor sabor, si es posible, elije jitomates nativos o de tomatera.

450 g	de camarones precocidos congelados, descongelados	1	tallo de apio, finamente picado
6	tomates ciruela grandes, cortados a la mitad a lo largo	2	cebollitas cambray en rodajas finas
¼	taza Mayonesa (página 40 o comprada)	1	cucharada de jugo de limón
		¼	cucharadita de sal de mar
		1	aguacate grande maduro, sin hueso, pelado y picado

Enjuaga los camarones, sécalos muy bien dando golpecitos con toallas de papel y córtalos en trozos grandes. Con una cuchara, saca la pulpa de cada mitad de jitomate y tírala.

En un tazón mediano, mezcla mayonesa, apio, cebollitas, jugo de limón y sal. Agrega los camarones y revuelve para cubrir. Incorpora poco a poco el aguacate. Divide la mezcla entre los tomates.

CADA PORCIÓN CONTIENE: 258 calorías, 17 g de proteína, 9 g de carbohidratos, 18 g de grasa total, 2 g de grasa saturada, 4 g de fibra y 846 mg de sodio.

CAMARONES MARINARA

TIEMPO DE PREPARACIÓN: 5 MINUTOS | TIEMPO TOTAL: 25 MINUTOS

Sirve para preparar 4 porciones

¡Los seres humanos estamos destinados a comer mariscos!

He aquí una manera de disfrutar los camarones que casi todo el mundo puede apreciar, los niños más. Estos crustáceos se llevan de maravilla con unos Fideos de calabacita, aunque los fideos shirataki o el "arroz" de coliflor son otras buenas opciones. Para hacer una versión sin lácteos, sustituye la crema espesa con leche de coco enlatada. Si quieres un toque especial, espolvorea ½ cucharadita de copos de pimienta roja al platillo ya terminado.

1 cucharada de aceite de oliva virgen extra	450 g de camarones grandes, pelados, limpios y sin cola
1 chalote picado	1 taza de crema espesa para batir o de leche de coco enlatada
3 dientes de ajo picados	Fideos de calabacita (página 130), opcionales
1 lata (840 g) de jitomates triturados	
2 cucharadas de pasta de tomate	
1 cucharadita de Sazonador italiano (página 56)	

En una sartén grande, calienta el aceite a fuego medio. Sofríe el chalote y el ajo 2 minutos. Agrega los jitomates, la pasta de tomate y el sazonador. Déjalo hasta que dé un ligero hervor. Reduce la llama y cocina a fuego lento durante 10 minutos, revolviendo de vez en cuando.

Añade los camarones, tapa y sigue a fuego lento otros 3 minutos o hasta que estén cocidos. Incorpora la crema o leche de coco y cocina 2 minutos o hasta que esté caliente. Si gustas, sírvelos sobre unos fideos de calabacita.

CADA PORCIÓN CONTIENE: 293 calorías, 20 g de proteína, 19 g de carbohidratos, 16 g de grasa total, 8 g de grasa saturada, 4 g de fibra y 981 mg de sodio.

TORTILLAS DE CHORIZO Y CAMARÓN

TIEMPO DE PREPARACIÓN: 10 MINUTOS | TIEMPO TOTAL: 20 MINUTOS

Sirve para preparar 4 porciones

El sabor condimentado del tocino más lo marino de los camarones y la frescura del cilantro se unen de forma deliciosa en estas fáciles tortillas.

La receta de por sí ya es rápida, pero puedes ahorrar más tiempo si cortas el ajo y la cebolla en el procesador de alimentos. Si quieres quitar las tortillas por completo, incorpora "arroz" de coliflor cuando agregues el camarón para hacer una versión fácil de paella.

2	cucharadas de aceite de oliva virgen extra	450 g	de camarones pequeños o medianos, pelados, limpios y sin cola
1	cebolla finamente picada	2	cucharadas de Sazonador de tacos (página 57)
2	dientes de ajo picados	2	cucharadas de cilantro picado
240 g	de chorizo, cortado en rodajas finas	4	Tortillas (página 29)

Calienta el aceite en una sartén grande a fuego medio. Sofríe la cebolla y el ajo 3 minutos para que se ablanden.

Añade el chorizo y fríe 5 minutos, revolviendo de vez en cuando. Debe cocerse bien. Agrega los camarones y el sazonador. Cocina por 2 minutos, moviendo o hasta que se vea opaco. Incorpora el cilantro. Con una cuchara, acomoda esta mezcla sobre las tortillas.

CADA PORCIÓN CONTIENE: 405 calorías, 29 g de proteína, 18 g de carbohidratos, 26 g de grasa total, 4 g de grasa saturada, 8 g de fibra y 998 mg de sodio.

CURRY DE CAMARONES ESTILO INDIO

TIEMPO DE PREPARACIÓN: 5 MINUTOS | TIEMPO TOTAL: 15 MINUTOS

Sirve para preparar 4 porciones

Los fragantes y exóticos aromas del curry, sobre una base espesa de leche de coco, crean una maravillosa forma de disfrutar los mariscos. Para ahorrar aún más tiempo (y transformar este platillo en uno de curry tailandés), no le pongas el jengibre, el ajo y el curry en polvo; y en vez de la leche de coco, agrega una taza de Curry rojo estilo tailandés (página 36). De cualquier forma, sírvelo sobre un "arroz" de coliflor.

3	cucharadas de aceite de coco o manteca	½	cucharadita de sal de mar
1	cebolla, rebanada en rodajas delgadas	1	taza de leche de coco enlatada
1	cucharadita de jengibre fresco picado	675 g	de camarones medianos, pelados, limpios y sin cola
1	cucharadita de ajo picado	2	cucharadas de cilantro picado
4	cucharaditas de curry en polvo		

En una sartén grande a fuego medio, calienta el aceite o la manteca. Sofríe la cebolla 5 minutos o hasta que esté ligeramente dorada. Agrega el jengibre, el ajo, el curry en polvo, la sal y fríe durante 1 minuto. Añade la leche de coco y deja que dé un ligero hervor. Incorpora los camarones y cocina por 2 minutos o hasta que se vean opacos. Retira del fuego y agrega el cilantro.

CADA PORCIÓN CONTIENE: 301 calorías, 17 g de proteína, 7 g de carbohidratos, 24 g de grasa total, 20 g de grasa saturada, 2 g de fibra y 849 mg de sodio.

SCAMPI DE CAMARONES

TIEMPO DE PREPARACIÓN: 10 MINUTOS | **TIEMPO TOTAL:** 20 MINUTOS

Sirve para preparar 4 porciones

Los clásicos camarones al estilo italiano regresaron ¡libres de la tiranía de los fideos de trigo! Sirve este scampi acompañado de hongos frescos salteados en mantequilla o algunos espárragos al vapor. También puedes servirlo con fideos shirataki para imitar el clásico platillo italiano.

3 cucharadas de aceite de oliva virgen extra, divididas	1 cucharadita de Sazonador italiano (página 56)
90 g de hongos frescos (por ejemplo cremini), rebanados	3 cucharadas de jugo de limón
3 cucharadas de mantequilla, divididas	2 cucharadas de vino blanco seco o caldo de pollo
675 g de camarones grandes, pelados, limpios y sin cola	2 cucharadas de perejil fresco picado Fideos shirataki cocidos (opcional)
5 dientes de ajo picados	

Calienta 1 cucharada de aceite en una sartén grande a fuego medio-alto. Fríe los hongos 5 minutos, revolviendo de vez en cuando o hasta que estén un poco dorados y suelten sus jugos. Pásalos a un tazón y reserva.

Agrega las 2 cucharadas de aceite restantes y 1 cucharada de la mantequilla a la misma sartén y calienta a fuego medio-alto para que se derrita. Cocina los camarones 2 minutos, revolviendo con frecuencia o hasta que estén opacos (no se deben cocer). Ponlos en el mismo tazón donde están los hongos.

Reduce la llama a fuego medio. Derrite 1 cucharada de mantequilla en la sartén. Agrega el ajo y sofríe por 1 minuto, revolviendo de forma constante. Añade el sazonador y la cucharada restante de mantequilla. Incorpora el jugo de limón y el vino o caldo, cocina durante 1 minuto, moviendo sin parar. Regresa los camarones y las setas reservadas, con los jugos acumulados, a la sartén. Cocina por 1 minuto o hasta que esté bien caliente. Agrega el perejil. Sirve sobre los fideos shirataki si lo deseas.

CADA PORCIÓN CONTIENE: 318 calorías, 24 g de proteína, 5 g de carbohidratos, 21 g de grasa total, 7 g de grasa saturada, 0.5 g de fibra y 1 043 mg de sodio.

VIEIRAS HORNEADAS

TIEMPO DE PREPARACIÓN: 10 MINUTOS | TIEMPO TOTAL: 25 MINUTOS

Sirve para preparar 4 porciones

He aquí una buena y antigua receta de vieiras al horno rociadas con mantequilla ¡sin una sola señal de trigo! Remplazamos el pan rallado con una mezcla de harina de almendras y queso parmesano. Ésta recrea la cubierta cremosa, crujiente y desmenuzable que extraña la mayoría de las personas que no comen trigo.

¼ de harina de almendras	450 g de vieiras o mejillones, enjuagados y secados con cuidado
¼ de queso parmesano rallado	
1 cucharadita de sazonador de mariscos o aderezo marroquí (página 48), dividida	2 cucharadas de jugo de limón
	2 cucharadas de mantequilla derretida

Precalienta el horno a 190 °C. Engrasa una fuente para horno de 30 x 18 cm.

En un plato hondo, combina la harina de almendras, el queso y ½ cucharadita del sazonador. Enharina los mejillones con la mezcla de queso, presionando un poco para cubrir de forma uniforme. Colócalos en la fuente para horno.

En un tazón pequeño, mezcla el jugo de limón, la mantequilla y la ½ cucharadita de sazonador restante. Rocía con cuidado sobre las vieiras para mantener intacta la cobertura.

Hornéalas durante 12 minutos o hasta que empiecen a opacarse. Entonces enciende el asador y déjalas 2 minutos o hasta que estén ligeramente doradas en la parte superior.

CADA PORCIÓN CONTIENE: 197 calorías, 17 g de proteína, 7 g de carbohidratos, 12 g de grasa total, 5 g de grasa saturada, 1 g de fibra y 677 mg de sodio.

VERDURAS AL CURRY

TIEMPO DE PREPARACIÓN: 10 MINUTOS | **TIEMPO TOTAL:** 30 MINUTOS

Sirve para preparar 4 porciones

Estas verduras con el sabor indio del curry se pueden servir solas como plato principal o como abundante guarnición. Es muy fácil variar las verduras, trata de usar zanahorias en rodajas, cebollitas cambray o brócoli.

2 cucharadas de aceite de coco	1 jitomate grande picado
1 cebolla amarilla picada	¾ taza de Curry rojo estilo tailandés (página 36)
2 dientes de ajo picados	¼ cucharadita de sal
4 tazas de ramitos de coliflor, descongelados o frescos	¼ taza de cilantro troceado
2 tazas de espinacas congeladas (ya descongeladas) o 4 tazas de espinacas frescas	

En una sartén grande a fuego medio-alto, calienta el aceite. Fríe la cebolla y el ajo 3 minutos. Agrega la coliflor, tapa y cocina durante 7 minutos, revolviendo de vez en cuando. Incorpora la espinaca, el tomate, el curry y la sal. Tapa otra vez, reduce la llama y cocina a fuego lento durante 10 minutos o hasta que la coliflor esté suave. Por último, agrega el cilantro.

CADA PORCIÓN CONTIENE: 311 calorías, 5 g de proteína, 15 g de carbohidratos, 28 g de grasa total, 24 g de grasa saturada, 5 g de fibra y 493 mg de sodio.

HAMBURGUESAS SPANAKOPITA

TIEMPO DE PREPARACIÓN: 15 MINUTOS | TIEMPO TOTAL: 30 MINUTOS

Sirve para preparar 4 porciones

Es una variación del Spanakopita, el tradicional pastel salado griego relleno de espinacas. Nuestra receta incluye todos los sabores maravillosos de los ingredientes (espinacas, queso feta, cebolla y huevo) pero sin los efectos dañinos de la corteza de pan. Aquí lo recreamos como una hamburguesa que se puede comer sola o en sándwich, intercalada entre dos rebanadas de Pan de sándwich (página 20) o Focaccia básica (página 21).

3 cucharadas de aceite de oliva virgen extra, divididas	½ cucharadita de sal de ajo
1 cebolla amarilla pequeña, picada finamente	½ cucharadita de pimienta negra molida
2 paquetes (300 g cada uno) de espinacas congeladas, descongeladas, exprimidas y picadas	2 cucharaditas de jugo de limón fresco
	1 taza de queso feta desmoronado
	1 huevo, batido ligeramente
1 cucharadita de orégano seco	½ taza de semillas molidas de lino dorado

En una sartén grande a fuego medio-alto, calienta 1 cucharada de aceite. Fríe la cebolla durante 3 minutos, revolviendo con frecuencia o hasta que esté un poco dorada. Agrega las espinacas y fríe otro minuto, moviendo hasta que estén cocidas. Pásalo a un tazón y déjalo enfriar. Integra orégano, sal de ajo, pimienta, jugo de limón, queso, huevo y semillas de lino. Mezcla muy bien y forma 4 hamburguesas.

En la misma sartén, ahora a fuego medio, calienta las 2 cucharadas de aceite restantes. Fríe las hamburguesas, dándoles vuelta una vez, durante 7 minutos o hasta que estén doradas.

CADA PORCIÓN CONTIENE: 322 calorías, 12 g de proteína, 13 g de carbohidratos, 24 g de grasa total, 7 g de grasa saturada, 6 g de fibra y 670 mg de sodio.

PIZZA DE COL RIZADA, CEBOLLA Y QUESO DE CABRA

TIEMPO DE PREPARACIÓN: 10 MINUTOS | **TIEMPO TOTAL:** 30 MINUTOS

Sirve para preparar 4 porciones

La inigualable combinación de sabores en esta pizza, más adecuada para paladares adultos, eleva una comida normal ¡al nivel de una especial!

MASA PARA PIZZA		CUBIERTA	
2 ½	tazas de Harina multiusos para hornear (página 19)	2	cucharadas de aceite de oliva virgen extra
½	taza de queso mozzarella rallado	4	tazas de col rizada congelada o fresca, descongelada y partida en pedacitos
¼	cucharadita de sal	1	cebolla amarilla, cortada en trozos
1	huevo	¼	cucharadita de sal
2	cucharadas de aceite de oliva virgen extra	⅔	taza de salsa de pizza (sin azúcar agregada)
½	taza de agua	60 g	de queso de cabra desmenuzado

Precalienta el horno a 204°C. Cubre una bandeja para hornear o para pizza con papel vegetal.

Para hacer la masa: En un tazón mediano, combina la harina para hornear, la sal y el queso. En un tazón pequeño, mezcla el huevo, el aceite y el agua. Vacía esta mezcla en la de la harina y revuelve hasta que esté combinado por completo.

Coloca la masa sobre la bandeja para hornear o para pizza y, con las manos húmedas, haz un círculo de 30 cm, formando un borde exterior. Hornéalo durante 10 minutos. Sácalo y reserva. Reduce el calor a 177°C.

Para hacer la cubierta: Mientras tanto, en una sartén grande a fuego medio, calienta el aceite. Añade la col rizada, la cebolla y la sal y sofríe 5 minutos, revolviendo con frecuencia hasta que la col rizada cambie de color y la cebolla esté transparente.

Cubre la masa de la pizza con la salsa, la mezcla de col y el queso de cabra. Métela al horno otra vez y déjala 10 minutos o hasta que el queso se derrita.

CADA PORCIÓN CONTIENE: 698 calorías, 27 g de proteína, 30 g de carbohidratos, 57 g de grasa total, 9 g de grasa saturada, 14 g de fibra y 1 015 mg de sodio.

PALAK PANEER

Sirve para preparar 4 porciones

Este platillo indiopaquistaní nos ofrece una enorme cantidad de espinacas saludables en una exótica salsa de curry.

2 paquetes (180 g cada uno) de espinacas baby	2 cucharadas de Aderezo marroquí (página 48)
2 cucharadas de manteca o aceite de coco	½ cucharadita de sal de mar
360 g de queso paneer, picado en cubos de 2 cm	1 lata (435 g) de jitomates cortados en cubitos o 1 jitomate picado
1 cebolla picada finamente	½ taza de leche de coco enlatada o crema
2 dientes de ajo picados	

Coloca las espinacas en un colador sobre el fregadero. Con mucho cuidado, vierte 4 tazas de agua hirviendo sobre ellas para blanquear las hojas. Ponlas a un lado y déjalas que escurran el exceso de agua.

En una sartén grande a fuego medio, calienta la manteca o aceite. Fríe el queso unos 8 minutos, voltéalo, hasta que se dore. Sácalo y reserva en un plato.

En la misma sartén, sofríe la cebolla y el ajo durante 3 minutos o hasta que estén un poco dorados. Agrega el Aderezo y la sal y revuelve durante 1 minuto. Incorpora las espinacas reservadas, los jitomates y la leche de coco o crema. Déjalo hasta que casi hierva. Reduce la llama, tapa y cocina a fuego lento 5 minutos.

Vierte con cuidado el contenido de la sartén en un procesador de alimentos y tritúralos durante 1 minuto o hasta que las espinacas y los jitomates se muelan y la mezcla esté cremosa. Regrésalo a la sartén, agrega el queso reservado y caliéntalo.

CADA PORCIÓN CONTIENE: 475 calorías, 23 g de proteína, 20 g de carbohidratos, 35 g de grasa total, 24 g de grasa saturada, 6 g de fibra y 567 mg de sodio.

CAZUELITAS DE CHILES RELLENOS

TIEMPO DE PREPARACIÓN: 5 MINUTOS | TIEMPO TOTAL: 30 MINUTOS

Sirve para preparar 4 porciones

Si estás de humor para algo mexicano, además de un burrito, he aquí una pequeña receta muy agradable que además es abundante y deliciosa.

Si quieres, cambia la salsa con un pico de gallo hecho con jitomates maduros.

- 4 huevos
- ¾ taza de crema espesa para batir o leche condensada
- 1 lata (200 g) de chiles verdes, en cubitos y escurridos
- 1½ tazas de queso cheddar o pepper jack, rallado y dividido
- 4 cucharadas de salsa (opcional)

Precalienta el horno a 204°C. Engrasa 4 moldes (250 g) y colócalos en una bandeja.

En un tazón mediano, combina los huevos y la crema o leche condensada. Agrega los chiles, 1 taza de queso y revuelve muy bien. Divide en partes iguales entre los moldes. Cubre con la ½ taza de queso restante. Hornea durante 25 minutos o hasta que un cuchillo insertado en el centro de la mezcla salga limpio. Si quieres, cubre cada uno con 1 cucharada de salsa.

CADA PORCIÓN CONTIENE: 406 calorías, 17 g de proteína, 5 g de carbohidratos, 35 g de grasa total, 20 g de grasa saturada, 1 g de fibra y 468 mg de sodio.

FETTUCCINE CON PESTO DE ALBAHACA Y NUEZ

TIEMPO DE PREPARACIÓN: 5 MINUTOS | **TIEMPO TOTAL:** 15 MINUTOS

Sirve para preparar 2 porciones

Regala la mágica combinación de albahaca y aceite de oliva virgen extra en este sencillo, pero delicioso plato de pasta.

Ahorra tiempo utilizando el Pesto de albahaca preparado en la receta de la página 31 o comprándolo en la tienda.

1 taza de albahaca fresca	¼ cucharadita de sal de mar
¼ de nueces	2 cucharaditas de jugo de limón fresco
3 dientes de ajo picados	2 paquetes (240 g cada uno) de fettuccine Shirataki, enjuagados y escurridos
⅓ taza aceite de oliva virgen extra	
¼ taza de queso romano rallado	

En un procesador de alimentos o un picador, combina la albahaca, las nueces y el ajo. Pica o procésalos hasta formar una pasta. Añade aceite, queso, sal y jugo de limón y muele hasta que se haga una mezcla blanda y el pesto sea de color verde brillante. Resérvalo.

Prepara la pasta según las instrucciones del paquete. Pásala a un recipiente para servir.

Cubre el fettuccine con el pesto de albahaca reservado y revuelve para incorporar bien.

CADA PORCIÓN CONTIENE: 498 calorías, 9 g de proteína, 14 g de carbohidratos, 48 g de grasa total, 7 g de grasa saturada, 8 g de fibra y 403 mg de sodio.

ESPAGUETI CON ACEITUNAS, ALCAPARRAS Y AJO

TIEMPO DE PREPARACIÓN: 10 MINUTOS | **TIEMPO TOTAL:** 20 MINUTOS

Sirve para preparar 2 porciones

Este sencillo plato de "pasta" se puede servir como comida principal o guarnición, ambas abundantes. No te dejes engañar por la aparente pequeñez de la porción: Recuerda que tu hambre se saciará con menos comida debido a que ya no tienes los efectos estimulantes del apetito producidos por la gliadina del trigo. Además esta pasta no sube el azúcar en la sangre ni otras distorsiones del metabolismo, a diferencia de la hecha con ingredientes convencionales o con las horribles harinas sin gluten.

¼ taza de aceite de oliva virgen extra

3 dientes de ajo picados

3 cebolletas rebanadas

¼ cucharadita de sal de mar

2 cucharaditas de alcaparras

¼ taza de aceitunas kalamata, sin huesos y rebanadas

2 paquetes (240 g cada uno) de fideos Shirataki, enjuagados y escurridos

¼ taza de queso parmesano rallado

En una sartén mediana a fuego medio, calienta el aceite. Fríe el ajo, las cebolletas y la sal durante 3 minutos o hasta que la cebolleta empiece a ablandarse.

Agrega las alcaparras y las aceitunas. Reserva.

Prepara los fideos según las instrucciones del paquete. Pásalos a un recipiente para servir. Cubre con la mezcla de aceitunas reservada y mezcla bien. Espolvorea con el queso.

CADA PORCIÓN CONTIENE: 425 calorías, 5 g de proteína, 9 g de carbohidratos, 41 g de grasa total, 7 g de grasa saturada, 1 g de fibra y 1 142 mg de sodio.

SOFRITO DE BERENJENA JAPONESA

TIEMPO DE PREPARACIÓN: 15 MINUTOS | TIEMPO TOTAL: 30 MINUTOS

Sirve para preparar 4 porciones

He servido esta berenjena japonesa como plato fuerte. También como guarnición en platillos de carne que ha sido marinada y salteada en salsa teriyaki (sin gluten). Otra opción es combinar 450 g de camarones o carne de res o de cerdo finamente picada con la berenjena. Recuerda, la carne o los camarones deben cocinarse por separado, luego se combinan con la berenjena. Si quieres fideos, los Shirataki son perfectos. Las berenjenas japonesas se pueden encontrar en la mayoría de tiendas de alimentos asiáticos y en algunos supermercados.

3	cucharadas de aceite de sésamo, divididas
675 g	de berenjenas japonesas, partidas en cuatro a lo largo y cortadas en rebanadas de 1 cm de ancho
6	cebollas de rabo, rebanadas
4	dientes de ajo picados
3	cucharadas de salsa de soya sin gluten
2	cucharadas de jengibre fresco rallado
¼	taza de agua
½	taza de cilantro troceado
2	cucharaditas de semillas de sésamo

En una sartén grande a fuego medio, calienta 2 cucharadas de aceite. Agrega la berenjena, tapa y cuece por 10 minutos, revolviendo de vez en cuando, hasta que se ablanden.

Vierte la cucharada de aceite restante. Añade la cebolla de rabo, el ajo, la salsa de soya, el jengibre y el agua. Tapa y cocina a fuego lento durante 5 minutos, revolviendo de vez en cuando o hasta que la berenjena esté muy blanda. Justo antes de servir, agrega el cilantro y espolvorea las semillas de sésamo.

CADA PORCIÓN CONTIENE: 160 calorías, 4 g de proteína, 14 g de carbohidratos, 11 g de grasa total, 1.5 g de grasa saturada, 5 g de fibra y 669 mg de sodio.

CAZUELA DE BRÓCOLI CON QUESO

TIEMPO DE PREPARACIÓN: 10 MINUTOS | **TIEMPO TOTAL:** 30 MINUTOS

Sirve para preparar 4 porciones

Este sencillo guisado puede servirse como platillo principal o como una fuerte guarnición que acompaña chuletas de cerdo, pollo al horno o cualquier corte de carne de res. Diferentes verduras, por ejemplo, espárragos frescos o judías verdes, pueden añadirse o remplazar al brócoli. Para un toque extra, agrega una lata de cebollas baby (de cambray).

- 1 bolsa (360 g) de ramitos de brócoli fresco
- ½ taza de agua
- 2 huevos
- 1 taza de queso cheddar rallado, dividida
- ½ taza de crema espesa para batir

- ⅓ taza de harina de almendra
- ½ cucharadita de mostaza en polvo
- ¼ cucharadita de cebolla en polvo
- ¼ cucharadita de sal de mar
- 1 pizca de pimienta roja molida (opcional)

Precalienta el horno a 204°C. Engrasa una fuente para horno de 20 x 20 cm. En un tazón apto para microondas, coloca los ramitos de brócoli y el agua, tapa y hornea con potencia alta durante 3 minutos o hasta que el brócoli esté de color verde brillante y tierno. Escurre y acomoda en la fuente para horno.

En un tazón mediano, revuelve los huevos, ½ taza de queso, crema, harina de almendras, mostaza, cebolla, sal y pimienta roja (si se desea). Vacía esta mezcla sobre el brócoli y cubre con la ½ taza de queso restante.

Hornea durante 20 minutos o hasta que un cuchillo insertado en el centro del guisado salga limpio.

CADA PORCIÓN CONTIENE: 332 calorías, 15 g de proteína, 8 g de carbohidratos, 28 g de grasa total, 14 g de grasa saturada, 4 g de fibra y 249 mg de sodio.

POSTRES Y BOTANAS

PAY DE CHOCOLATE Y COCO

TIEMPO DE PREPARACIÓN: 5 MINUTOS
TIEMPO TOTAL: 20 MINUTOS + TIEMPO PARA ENFRIAR

Sirve para preparar 8 porciones

La ralladura de coco sirve para hacer una masa de tarta consistente y deliciosa. En esta receta vamos a rellenar una corteza de coco con crema de chocolate para hacer un ricao pay. Es muy apropiada para celebraciones, fiestas o como postre superespecial.

1¾	tazas + 2 cucharadas de ralladura de coco sin endulzar
3	cucharadas de Harina multiusos para hornear (página 19)
	Endulzante equivalente a 3 cucharadas + ½ taza de azúcar
3	cucharadas de aceite de coco o mantequilla derretida

420 g	de leche de coco enlatada
240 g	de chocolate molido sin endulzar
½	cucharadita de extracto de vainilla
¼	cucharadita de extracto de almendra

Precalienta el horno a 177°C. Engrasa un molde para tarta de 23 cm.

En un tazón mediano, combina el coco, la harina, el endulzante equivalente a 3 cucharadas de azúcar y el aceite o mantequilla. Mezcla todo con cuidado. Vierte sobre el molde y hornea por diez minutos o hasta que los bordes tomen un ligero color café. Retira y deja enfriar.

Mientras tanto, calienta la leche de coco en una olla a temperatura media-alta hasta que se empiecen a formar burbujas. Retira del fuego, añade el chocolate y bate hasta que se derrita. Incorpora la vainilla, el extracto de almendra y el resto del endulzante equivalente a ½ taza de azúcar hasta que se revuelvan bien. Vacía la mezcla dentro de la corteza de coco y refrigera por lo menos una hora hasta que cuaje.

CADA PORCIÓN CONTIENE: 453 calorías, 7 g de proteína, 14 g de carbohidratos, 46 g de grasa total, 36 g de grasas saturadas, 8 g de fibra y 28 mg de sodio.

MINIPAYS DE QUESO DE FRUTILLAS Y COCO

TIEMPO DE PREPARACIÓN: 10 MINUTOS
TIEMPO TOTAL: 30 MINUTOS + TIEMPO PARA ENFRIAR

Sirve para preparar 12 tartas

¡Todas las dudas sobre qué tan buena puede ser una vida sin trigo desaparecerán con estos deliciosos minipays de queso!

Yo cubro los panecillos con frutillas frescas, pero tú puedes sustituirlas con virutas de chocolate oscuro, un poco de cacao en polvo o ralladura de coco.

1 ¼ **tazas de Harina multiusos para hornear (página 19)**

Endulzante equivalente a 1 cucharada + ½ taza de azúcar

3 **cucharadas de aceite de coco o mantequilla derretida**

360 g **de queso crema a temperatura ambiente**

½ **taza de crema agria o yogur griego natural**

2 **huevos**

¼ **taza de ralladura de coco sin endulzar**

1 ½ **tazas de frutillas mixtas frescas**

Precalienta el horno a 177°C. Coloca moldes de papel en una bandeja para 12 muffins.

Combina la harina, el endulzante equivalente a una cucharada de azúcar y el aceite de coco o mantequilla en un tazón grande. Mezcla en su totalidad. Distribuye esta pasta en los moldes y presiónala al fondo con los dedos o una cuchara.

En otro tazón grande, usando una batidora eléctrica, revuelve el queso crema con el resto del endulzante (equivalente a ½ taza de azúcar) hasta que la pasta tenga una textura suave. Incorpora la crema agria o el yogur. Añade los huevos uno por uno, moviendo hasta que todo esté muy bien combinado. Incorpora el coco y mezcla de nuevo. Divide la masa en los moldes para muffin. Hornea por 20 minutos o hasta que un cuchillo insertado en el centro salga limpio. Recuerda que los pays de queso se inflarán cuando se horneen y se desinflarán mientras se enfrían.

Apaga el horno, ábrelo y espera 5 minutos para que baje un poco la temperatura de los moldes. Luego saca los pays, colócalas sobre una rejilla y enfríalas por completo. Sirve cada una cubierta con 2 cucharadas de frutillas.

CADA TARTA DE QUESO CONTIENE: 265 calorías, 6 g de proteína, 16 g de carbohidratos, 22 g de grasas totales, 11 g de grasas saturadas, 3 g de fibra y 166 mg de sodio.

DONAS DE CANELA

TIEMPO DE PREPARACIÓN: 10 MINUTOS
TIEMPO TOTAL: 20 MINUTOS + TIEMPO PARA ENFRIAR

Sirve para preparar 12 donas

Para crear estas minidonas se usa una técnica inusual. El resultado: deliciosas meriendas, pequeñas y saludables. A diferencia de las típicas donas fritas, hechas con harinas de trigo y azúcar, nuestras donas no tienen efectos negativos en la salud. Puedes comerlas sin preocupación en el desayuno, como refrigerio o postre.

Otra opción es cubrir las donas con Glaseado de chocolate (página 214) o Glaseado de vainilla (página 215).

¼ taza de semillas molidas de lino dorado

1 taza de agua fría

¾ taza de harina de coco

¾ taza de ralladura de coco sin endulzar

1 ½ cucharaditas de canela molida

½ cucharadita de bicarbonato de sodio

½ taza de aceite de coco

1 huevo

Endulzante equivalente a ½ taza de azúcar

Precalienta el horno a 190°C. Engrasa un molde para donas.

Mezcla las semillas de lino y el agua en una taza o un tazón pequeño y mételo al congelador 5 minutos.

Combina la harina de coco, el coco, el endulzante, la canela y el bicarbonato de sodio en un tazón grande. Añade el aceite de coco hasta que se incorpore por completo.

Saca las semillas de lino del congelador y bátelas con el huevo. Vierte la mezcla de las semillas en la del coco y revuelve. Vacía todo en el molde para donas.

Hornea por 10 minutos o hasta que las donas estén ligeramente firmes al tacto y los bordes dorados. Deja que se enfríen 5 minutos en el molde antes de sacarlas a enfriar por completo.

CADA DONA CONTIENE: 189 calorías, 2 g de proteína, 15 g de carbohidratos, 15 g de grasas totales, 12 g de grasas saturadas, 5 g de fibra y 61 mg de sodio.

MINIÉCLAIRS DE CHOCOLATE

TIEMPO DE PREPARACIÓN: 10 MINUTOS
TIEMPO TOTAL: 30 MINUTOS + TIEMPO PARA ENFRIAR

Sirve para preparar 8 éclairs

Sí, ¡éclairs de chocolate! Pero éstos son saludables. Para una cubierta más llamativa, prueba el Glaseado de chocolate de la página 214.

½ taza de leche de coco batida

¼ taza de mantequilla

¼ taza de harina de coco

2 cucharaditas de semillas de psyllium molidas

⅛ cucharadita de sal de mar

2 huevos

240 g de crema espesa para batir

Endulzante equivalente a 2 cucharadas de azúcar

½ cucharadita de extracto de vainilla

1 barra (100 g) de chocolate oscuro (70–86% cacao), picada y derretida

---

Precalienta el horno a 190°C. Forra una bandeja para hornear con papel vegetal.

Hierve a temperatura media la leche de coco y la mantequilla en una cacerola. Remueve del fuego y añade la harina, las semillas de psyllium y la sal al mismo tiempo. Mezcla hasta unificar todo. Regresa la cacerola al fuego y mueve hasta que forme una bola. Quita del fuego y continúa moviendo durante 1 minuto para enfriarla un poco. Añade los huevos, uno por uno, revolviendo para incorporarlos muy bien. Sigue así hasta que la mezcla esté suave y tome un ligero brillo.

Reparte esta masa en 8 líneas de 5 a 8 cm en la bandeja. Hornea por 20 minutos o hasta que se doren un poco. Colócalos sobre una rejilla para enfriar.

Mientras tanto, bate la crema en un tazón grande hasta que forme picos. Mezcla el endulzante y la vainilla con la batidora a una velocidad muy baja.

Rebana cada éclair a la mitad y quita la masa del centro. Pon la crema obtenida en la mitad inferior de cada uno. Coloca las tapas de nuevo y vierte el chocolate sobre ellas.

CADA ÉCLAIR CONTIENE: 280 calorías, 4 g de proteína, 10 g de carbohidratos, 26 g de grasa total, 17 g de grasas saturadas, 4 g de fibra y 116 mg de sodio.

MINIPAYS DE DOBLE CHOCOLATE

TIEMPO DE PREPARACIÓN: 5 MINUTOS | **TIEMPO TOTAL:** 30 MINUTOS

Sirve para preparar 4 pasteles

A los niños les encanta tener sus propios paycitos. Estas minitartas de casi 8 cm, son del tamaño justo para una celebración sustanciosa y saludable.

Si quieres una textura más fina, sustituye la Harina multiusos para hornear por harina de almendras peladas. Para variar la receta y hacer minipays de triple chocolate, agrega Glaseado de chocolate (página 214) o Cubierta de chocolate (página 217).

1 ¼ tazas de Harina multiusos para hornear (página 19)	1 cucharadita de vinagre blanco
2 cucharadas de cacao en polvo sin endulzante	6 cucharadas de leche de coco (enlatada o de cartón), de leche o de leche condensada
Endulzante equivalente a ¾ taza de azúcar	½ cucharada de melaza
⅓ taza chispas de chocolate oscuro	1 huevo batido

Precalienta el horno a 190°C. Engrasa 4 moldes de 120 g.

En un tazón grande combina la harina multiusos para hornear, el cacao, el endulzante y las chispas de chocolate. Revuelve bien.

Mezcla el vinagre y la leche de coco. Déjalos reposar 1 minuto. Agrega la melaza y el huevo, integrándolos muy bien. La masa debe tener la misma consistencia de la masa de una tarta convencional. Si está muy espesa, añade más leche de coco, leche o crema de leche, 1 cucharada a la vez, hasta que alcances la textura deseada.

Reparte la masa en los moldes. Colócalos sobre la bandeja para hornear y hornéalos por 25 minutos o hasta que salga limpio un palillo insertado en el centro de una de las tartas.

CADA TARTA CONTIENE: 371 calorías, 12 g de proteína, 21 g de carbohidratos, 30 g de grasa total, 10 g de grasas saturadas, 9 g de fibra y 195 mg de sodio.

CUPCAKES DE LIMÓN VERDE

TIEMPO DE PREPARACIÓN: 5 MINUTOS
TIEMPO TOTAL: 25 MINUTOS + TIEMPO PARA ENFRIAR

Sirve para preparar 12 cupcakes

Si a tus hijos les gusta el sabor ácido del limón como a los míos, estos cupcakes seguro les encantarán. Cambia la acidez incrementando o disminuyendo la cantidad de jugo de limón. Para una textura más ligera, sustituye la Harina multiusos para hornear por harina de almendras peladas.

CUPCAKES

- 4 tazas de Harina multiusos para hornear (página 19)
- Endulzante equivalente a 1 taza de azúcar
- ½ cucharadita de sal de mar
- 1 taza de jugo de limón verde
- 3 huevos

GLASEADO

- 240 g de queso crema a temperatura ambiente
- Endulzante equivalente a ½ taza de azúcar
- 2 cucharaditas de jugo de limón verde

Precalienta el horno a 177°C. Coloca moldes de papel en una bandeja para 12 muffins.

Para hacer los cupcakes: En un tazón grande mezcla la harina para hornear, el endulzante y la sal. Revuelve bien. Incorpora el jugo de limón verde y deja reposar 1 minuto. Bate los huevos y agrégalos a la mezcla.

Reparte la masa en los moldes. Hornea por 20 minutos o hasta que salga limpio un palillo insertado en el centro del cupcake.

Para hacer el glaseado: En un tazón pequeño combina el queso crema, el endulzante y el jugo de limón verde. Revuelve bien. Distribuye la mezcla encima de los cupcakes una vez que estén fríos.

CADA CUPCAKE CONTIENE: 299 calorías, 11 g de proteína, 13 g de carbohidratos, 25 g de grasa total, 5 g de grasas saturadas, 6 g de fibra y 350 mg de sodio.

CUPCAKES DE PISTACHE Y TÉ VERDE

TIEMPO DE PREPARACIÓN: 10 MINUTOS
TIEMPO TOTAL: 30 MINUTOS + TIEMPO PARA ENFRIAR

Sirve para preparar 12 cupcakes

Si te gusta el té verde y los beneficios que tiene para la salud, las hojas de té verde molidas son una forma poco conocida de obtenerlos. Las hojas pueden comprarse ya molidas, por lo general de la variedad matcha o se pueden moler cuando están secas.

CUPCAKES

4 tazas de Harina multiusos para hornear (página 19)

Endulzante equivalente a 1 taza de azúcar

¾ taza de pistache crudo finamente picado

½ cucharadita de sal de mar

2 cucharaditas de jugo de limón o vinagre blanco

1 taza de suero de leche

¼ taza de aceite de coco

3 huevos

GLASEADO

240 g de queso crema a temperatura ambiente

Endulzante equivalente a ½ taza de azúcar

2 cucharaditas de polvo de té verde

½ cucharadita de cardamomo molido

Precalienta el horno a 177°C. Coloca moldes de papel en una bandeja para 12 muffins.

Para hacer los cupcakes: En un tazón grande mezcla la harina para hornear, el endulzante, los pistaches y la sal. Incorpora el jugo de limón y deja reposar 1 minuto. En un tazón diferente combina el suero de leche, el aceite y los huevos. Incorpóralos a la mezcla de la harina.

Reparte la masa en los moldes para muffins. Hornea 20 minutos o hasta que salga limpio un palillo insertado en el centro del cupcake.

Para hacer el glaseado: En un tazón pequeño combina el queso crema, el endulzante, el té verde y el cardamomo. Revuelve bien. Distribuye la mezcla encima de los cupcakes una vez que estén fríos.

CADA CUPCAKE CONTIENE: 322 calorías, 12 g de proteína, 13 g de carbohidratos, 27 g de grasa total, 6 g de grasas saturadas, 7 g de fibra y 320 mg de sodio.

CUPCAKES DE MANDARINA

TIEMPO DE PREPARACIÓN: 5 MINUTOS
TIEMPO TOTAL: 25 MINUTOS + TIEMPO PARA ENFRIAR

Sirve para preparar 12 cupcakes

Cuando es temporada, las mandarinas pueden ser usadas para hacer maravillosos y deliciosos cupcakes con nuestra harina para hornear sin trigo. Si no es temporada de mandarinas, puedes hacer estos cupcakes con mandarinas o con naranjas navel.

CUPCAKES

4   tazas de Harina multiusos para hornear (página 19)

Endulzante equivalente a 1 taza de azúcar

¾   taza de pistache crudo finamente picado

½   cucharadita de sal de mar

1   taza de jugo de mandarina o jugo de naranja

3   huevos

GLASEADO

240 g   de queso crema a temperatura ambiente

Endulzante equivalente a ½ taza de azúcar

2   cucharaditas de jugo de mandarina o jugo de naranja

Precalienta el horno a 177°C. Coloca moldes de papel en una bandeja para 12 muffins.

Para hacer los cupcakes: En un tazón grande mezcla la harina para hornear, el endulzante y la sal. En una taza reserva 2 cucharaditas de jugo para el glaseado. Incorpora el resto del jugo a los ingredientes secos y mezcla bien. Deja reposar 1 o 2 minutos. Bate los huevos y añádelos a la mezcla.

Reparte la masa en los moldes para muffins. Hornea por 20 minutos o hasta que salga limpio un palillo insertado en el centro del cupcake.

Para hacer el glaseado: En un tazón pequeño combina el queso crema, el endulzante y las dos cucharaditas de jugo. Revuelve bien. Distribuye la mezcla encima de los cupcakes una vez que estén fríos.

CADA CUPCAKE CONTIENE: 303 calorías, 11 g de proteína, 13 g de carbohidratos, 25 g de grasa total, 5 g de grasas saturadas, 6 g de fibra y 327 mg de sodio.

MUFFINS DE ESPECIAS Y MACADAMIA

TIEMPO DE PREPARACIÓN: 5 MINUTOS | **TIEMPO TOTAL:** 30 MINUTOS

Sirve para preparar 12 muffins

La macadamia se combina con canela y nuez moscada en este saludable y sustancioso muffin. Recuerda: en nuestro estilo de vida sin trigo, se eliminaron los ingredientes no saludables, la grasa no es uno de ellos. Así que disfruta tu reencuentro con las macadamias altas en grasa.

4 tazas de Harina multiusos para hornear (página 19)	½ cucharadita de nuez moscada molida
1½ cucharaditas de bicarbonato de sodio	½ cucharadita de sal de mar
Endulzante equivalente a 1½ tazas de azúcar	1 cucharada de jugo de limón o vinagre
¾ taza de macadamias picadas	½ taza de agua
1 cucharadita de canela molida	2 cucharadas de melaza
	3 huevos

Precalienta el horno a 177°C. Engrasa un molde para 12 muffins.

En un tazón grande mezcla la harina para hornear, el bicarbonato de sodio, el endulzante, la macadamia, la canela, la nuez moscada y la sal. Revuelve bien.

En un tazón pequeño combina el jugo de limón o vinagre, el agua y la melaza. Añádelos a la mezcla seca y revuelve.

En otro tazón bate los huevos, intégralos a la masa.

Reparte la masa en los moldes. Hornea por 25 minutos o hasta que salga limpio un palillo insertado en el centro de un muffin.

CADA MUFFIN CONTIENE: 299 calorías, 11 g de proteína, 14 g de carbohidratos, 25 g de grasa total, 3 g de grasas saturadas, 7 g de fibra y 425 mg de sodio.

MUFFINS CON STREUSEL DE MANZANA

TIEMPO DE PREPARACIÓN: 10 MINUTOS | **TIEMPO TOTAL:** 30 MINUTOS

Sirve para preparar 12 muffins

Si te gusta la tarta de café con cubierta de streusel, aquí hay un poco de nostalgia para ti, ¡sin pena ni tristeza!

La cubierta de streusel funciona con cualquier endulzante, pero el xilitol es el mejor porque crea un resultado final más fuerte y crujiente.

4 tazas de Harina multiusos para hornear (página 19)	½ cucharadita de sal de mar
Endulzante equivalente a ½ taza de azúcar	1 taza de puré de manzana sin endulzar
1 cucharadita de canela molida	½ taza de mantequilla cortada en pequeños pedazos
¼ cucharadita de nuez moscada molida	1 cucharada de melaza
	3 huevos

Precalienta el horno a 163°C. Coloca moldes de papel en una bandeja para 12 muffins.

En un tazón grande mezcla la harina para hornear, el endulzante, la canela, la nuez moscada y la sal. Revuelve muy bien. Separa 1 taza de la mezcla en un tazón mediano. En otro recipiente, combina el puré de manzana y los huevos hasta que tengan una textura suave. Añade a la mezcla seca y mueve para combinar bien. Reparte la masa en el molde para muffins.

Para hacer la cubierta de streusel, añade la melaza a la mezcla seca apartada. Añade la mantequilla hasta que tenga una consistencia quebradiza. Vacía sobre los muffins. Hornea por 20 minutos o hasta que salga limpio un palillo insertado en el centro de un muffin.

CADA MUFFIN CONTIENE: 311 calorías, 10 g de proteína, 14 g de carbohidratos, 27 g de grasa total, 7 g de grasas saturadas, 7 g de fibra y 334 mg de sodio.

WHOOPIES DE TARTA DE MANZANA

TIEMPO DE PREPARACIÓN: 10 MINUTOS
TIEMPO TOTAL: 20 MINUTOS + TIEMPO PARA ENFRIAR

Sirve para preparar 10 whoopies

Como el nombre lo sugiere, estos pequeños whoopies saben a tarta de manzana. Los niños pensarán que es postre, ¡pero es tan saludable como comer nueces y manzanas!

GALLETA

2 tazas de Harina multiusos para hornear (página 19)

¾ taza de nueces picadas finamente

¼ cucharadita de jengibre o cardamomo molido

Endulzante equivalente a ½ taza de azúcar

½ taza de puré de manzana con trozos, sin endulzar

2 cucharaditas de jugo de limón

1 huevo batido

GLASEADO

2 cucharadas de xilitol

60 g de queso crema

½ cucharadita de jugo de limón

Precalienta el horno a 177°C. Engrasa 10 moldes para hornear whoopies.*

Para hacer las galletas: En un tazón grande combina la harina para hornear, las nueces, el jengibre o cardamomo y el endulzante. Mezcla el puré de manzana, el jugo de limón y el huevo hasta que esté bien revuelto.

Reparte la masa en los moldes para whoopies. Hornea 10 minutos o hasta que estén ligeramente firmes y dorados. Déjalos enfriar en el molde 5 minutos. Muévelos a una rejilla para enfriar.

Para hacer el glaseado: Mientras tanto, en un pequeño tazón de microondas combina el xilitol y el queso crema. Mete al microondas en potencia alta en intervalos de 10 segundos hasta que se derrita. Mezcla muy bien. Añade el jugo de limón y revuelve.

Cuando las tartas estén frías, cúbrelas con el glaseado.

CADA WHOOPIE CONTIENE: 218 calorías, 7 g proteína, 9 g de carbohidratos, 19 g de grasa total, 3 g de grasas saturadas, 5 g de fibra y 135 mg de sodio.

* Nota: Si horneas la masa sin trigo en moldes para whoopies poco profundos, será más fácil y tendrás un resultado más consistente. Si no tienes moldes, los puedes hacer con las manos. Sólo divide la masa en 2 porciones de 30 g, después forma una tortita de 8 cmy hornea sobre papel vegetal.

WHOOPIES DE ROL DE CANELA

TIEMPO DE PREPARACIÓN: 10 MINUTOS
TIEMPO TOTAL: 20 MINUTOS + TIEMPO PARA ENFRIAR

Sirve para preparar 10 whoopies

Para que estos whoopies parezcan roles de canela añade ¼ de taza de nueces pecanas molidas o de nueces molidas a la mezcla o esparce las nueces encima del glaseado.

Sirve estos whoopies de panecillo de canela calientes, cubiertos por el glaseado o con una untada de mantequilla.

GALLETA

- 2 tazas de Harina multiusos para hornear (página 19)
- 2 cucharaditas de canela en polvo
  Endulzante equivalente a ½ taza de azúcar
- ½ taza de crema espesa para batir
- 1 cucharadita de extracto de vainilla
- 2 cucharaditas de jugo de limón
- 1 huevo batido

GLASEADO

- 2 cucharadas de xilitol
- 60 g de queso crema
- ½ cucharadita de jugo de limón

Precalienta el horno a 177°C. Engrasa 10 moldes para hornear whoopies.*

Para hacer las galletas: En un tazón grande combina la harina para hornear, la canela y el endulzante. Mezcla la vainilla, la crema, el jugo de limón y el huevo hasta que todo esté bien revuelto.

Divide la masa en los moldes. Hornea 10 minutos o hasta que esté ligeramente firme y dorada. Deja enfriar en el molde 5 minutos. Muévelos a una rejilla para enfriar por completo.

Para hacer el glaseado: Mientras tanto, en un pequeño tazón de microondas combina el xilitol y el queso crema. Hornéalo con alta potencia en intervalos de 10 segundos para que el queso se derrita. Revuelve muy bien. Añade el jugo de limón y vuelve a mezclar.

Cubre las tartas con el glaseado.

CADA WHOOPIE CONTIENE: 188 calorías, 6 g de proteína, 7 g de carbohidratos, 16 g de grasa total, 4 g de grasa saturada, 4 g de fibra y 130 mg de sodio.

* Ver nota de la página anterior.

WHOOPIES DE MERMELADA DE CIRUELA

TIEMPO DE PREPARACIÓN: 10 MINUTOS
TIEMPO TOTAL: 25 MINUTOS + TIEMPO PARA ENFRIAR

Sirve para preparar 10 whoopies

Piensa en esta receta cada vez que hagas mucha mermelada de ciruela. Es una gran forma de aprovechar la que sobre.

GALLETA

- 2 tazas de Harina multiusos para hornear (página 19)
- Endulzante equivalente a ½ taza de azúcar
- ½ taza + 2 cucharadas de mermelada de ciruela
- ¼ taza de agua
- 1 cucharadita de jugo de limón
- 1 huevo batido

GLASEADO

- 2 cucharadas de xilitol
- 60 g onzas de queso crema
- ½ cucharadita de jugo de limón

....

Precalienta el horno a 177°C. Engrasa 10 moldes para hornear whoopies.*

Para hacer las galletas: En un tazón grande combina la harina para hornear y el endulzante. Mezcla la ½ taza de mermelada, el agua, el jugo de limón y el huevo hasta que estén bien revueltos.

Divide la masa en los moldes. Hornea 15 minutos o hasta que esté un poco firme y dorada. Deja enfriar en el molde 5 minutos. Pásalos a una rejilla para enfriar por completo.

Para hacer el glaseado: Mientras tanto, en un pequeño tazón de microondas combina el xilitol y el queso crema. Mete al microondas con potencia alta en intervalos de 10 segundos hasta que se derrita. Revuelve muy bien. Añade el jugo de limón y vuelve a mezclar.

Cubre las tartas con el glaseado. Vierte las dos cucharadas de mermelada sobre el glaseado.

CADA WHOOPIE CONTIENE: 167 calorías, 6 g de proteína, 9 g de carbohidratos, 13 g de grasa total, 2 g de grasa saturada, 4 g de fibra y 135 mg de sodio.

* Ver nota en la página 204.

CREMA DE FRUTILLAS

TIEMPO DE PREPARACIÓN: 5 MINUTOS | TIEMPO TOTAL: 5 MINUTOS

Sirve para preparar 4 porciones

En cuestión de minutos tres simples ingredientes se combinan en este delicioso postre.

1 **taza de las frutillas frescas de tu preferencia**

Endulzante equivalente a 2 cucharadas de azúcar

1 **taza de crema espesa para batir**

Mete las frutillas y el endulzante en un procesador de alimentos hasta que estén bien molidos. Bate la crema en un tazón grande hasta que se formen picos. Con cuidado déjala caer sobre las frutillas. Acomódalos en vasos y sirve de inmediato o refrigéralos para servir después.

CADA PORCIÓN CONTIENE: 223 calorías, 2 g de proteína, 5 g de carbohidratos, 22 g de grasa total, 14 g de grasa saturada, 2 g de fibra y 23 mg de sodio.

KÉFIRES DE MOCA

TIEMPO DE PREPARACIÓN: 1 MINUTO | TIEMPO TOTAL: 2 MINUTOS

Sirve para preparar 2 porciones

Si no has probado el kéfir, ésta es tu oportunidad, ¡es como saborear helado derretido!

2 **tazas de kéfir**

Endulzante equivalente a 1/4 taza de azúcar

1 **cucharadita de café instantáneo en polvo**

1 **cucharada de cacao en polvo sin endulzar**

Combina el kéfir, el endulzante, los granos de café y el cacao en la licuadora, a velocidad media, hasta que espese.

Sirve tal cual o si quieres agrégale unas ramitas de menta.

CADA PORCIÓN CONTIENE: 120 calorías, 11 g de proteína, 14 g de carbohidratos, 2 g de grasa total, 1 g de grasa saturada, 1 g de fibra y 123 mg de sodio.

KÉFIRES DE FRESA

TIEMPO DE PREPARACIÓN: 1 MINUTO | TIEMPO TOTAL: 2 MINUTOS

Sirve para preparar 2 porciones

El kéfir es un éxito con los niños. Se puede alterar con facilidad para hacer kéfires de moras azules, moras o una mezcla de frutillas.

2 tazas de kéfir

Endulzante equivalente a ¼ taza de azúcar

½ taza de fresas frescas o congeladas

2 ramas de menta para acompañar (opcional)

Combina el kéfir, el endulzante y las fresas en la licuadora a velocidad media hasta que espese.

Sirve tal cual o si quieres, agrégale unas ramitas de menta.

CADA PORCIÓN CONTIENE: 122 calorías, 11 g de proteína, 15 g de carbohidratos, 2 g de grasa total, 1 g de grasa saturada, 1 g de fibra y 124 mg de sodio.

MOUSSE DE LIMÓN

TIEMPO DE PREPARACIÓN: 5 MINUTOS | TIEMPO TOTAL: 15 MINUTOS

Sirve para preparar 6 porciones

Este postre ligero y rápido toma sólo 15 minutos en batir y da como resultado un espeso y rico mousse. A mí me gusta servirlo cubierto de frambuesas frescas.

1	taza de crema espesa para batir
	Endulzante equivalente a 1 cucharada de azúcar
120 g	de queso crema a temperatura ambiente

Ralladura y jugo de 1 limón

1 cucharadita de extracto de vainilla

Con una batidora, bate la crema a velocidad alta hasta que se formen picos.

En otro tazón, con la misma batidora, pero ahora a velocidad media, revuelve el queso crema, la ralladura, el jugo de limón, el endulzante y la vainilla hasta que se mezclen por completo. Con cuidado integra la crema batida en la mezcla del queso crema y revuelve. Sirve de inmediato o refrigera para servir después.

CADA PORCIÓN CONTIENE: 199 calorías, 2 g de proteína, 3 g de carbohidratos, 20 g de grasa total, 12 g de grasa saturada, 0 g de fibra y 75 mg de sodio.

NATILLA DE VAINILLA

TIEMPO DE PREPARACIÓN: 5 MINUTOS
TIEMPO TOTAL: 15 MINUTOS + TIEMPO PARA ENFRIAR

Sirve para preparar 4 porciones

En esta época de comida procesada, la gente ha olvidado el sencillo arte de hacer natillas. Aquí encontrarás la receta básica para poder hacer una gran variedad de natillas, sólo añade frutillas frescas o congeladas, un poco de polvo de cacao sin endulzar, chispas de chocolate oscuro o nueces molidas. Otra variante es procesar la natilla terminada en una máquina de helados de acuerdo con las instrucciones del fabricante. Es importante señalar que en el paso donde se añade la natilla, se permite usar leche de coco en vez de crema a base de leche. Esto mantiene la misma textura. Es una lucha constante con los helados de natilla sin lácteos.

- 1 ½ tazas de crema espesa para batir o de leche de coco enlatada
- 4 yemas de huevo
- Endulzante equivalente a ½ taza de azúcar
- ¼ cucharadita de sal de mar
- 1 cucharadita de extracto de vainilla
- 1 cucharada de mantequilla a temperatura ambiente

En una olla mediana a fuego medio-alto calienta la crema o la leche de coco por 5 minutos, mezclando con una cuchara de madera o hasta que comiencen a salir burbujas en los bordes. Mientras tanto, en un tazón mediano, bate las yemas, el endulzante, la sal y la vainilla. Poco a poco añade la crema caliente a la mezcla de yemas hasta que se incorpore por completo.

Regresa la mezcla a la olla. Cuece por 5 minutos a fuego medio o hasta que espese, recuerda, siempre revolviendo. Quita del fuego, agrega la mantequilla y bate hasta que todo se incorpore y la natilla quede suave.

Vierte en un tazón limpio y cúbrelo con plástico. Refrigera antes de servir.

CADA PORCIÓN CONTIENE: 394 calorías, 5 g de proteína, 3 g de carbohidratos, 41 g de grasa total, 24 g de grasa saturada, 0 g de fibra y 166 mg de sodio.

SALSA DE CARAMELO

TIEMPO DE PREPARACIÓN: 5 MINUTOS | TIEMPO TOTAL: 15 MINUTOS

Sirve para preparar ¾ de taza

Esta receta es similar al Glaseado de vainilla (página 215), sólo cuece por más tiempo para conseguir el sabor deseado y el color café dorado del caramelo. Usa esta salsa de caramelo para cubrir la Natilla de vainilla (página 211), las Donas de canela (página 196) o los Muffins con streusel de manzana (página 203).

¼ taza de mantequilla	¼ taza de crema espesa para batir
⅓ taza de xilitol	½ cucharadita de extracto de vainilla

En una olla pequeña a fuego medio-alto combina la mantequilla y el xilitol. Mezcla bien y revuelve cada vez menos conforme se calienta. Permite que la mantequilla adquiera un color café y que el xilitol se derrita por 5 minutos, moviendo de vez en cuando la olla.

Quita la olla del fuego. En una taza de medir o en un tazón pequeño combina la crema y la vainilla. Vierte a cucharadas en la mezcla de la mantequilla. Ten cuidado porque burbujea y se puede derramar. Continúa añadiendo la crema combinada con vainilla y revuelve hasta que se incorpore bien. Deja que se enfríe por 5 minutos antes de servir.

CADA CUCHARADA CONTIENE: 53 calorías, 0 g de proteína, 1 g de carbohidratos, 6 g de grasa total, 3 g de grasa saturada, 0 g de fibra y 6 mg de sodio.

CREMA BATIDA DE LIMÓN

TIEMPO DE PREPARACIÓN: 5 MINUTOS | TIEMPO TOTAL: 5 MINUTOS

Sirve para preparar 1½ tazas

Sirve esta sabrosa crema con un poco de frutillas para un postre improvisado delicioso.

1 taza de crema espesa para batir

1 cucharadita de ralladura de limón

1 cucharada de jugo de limón

Bate la crema con una batidora eléctrica hasta que se formen picos consistentes. Agrega el jugo de limón y la ralladura. Úsala en el momento o refrigérala tapada máximo por un día.

CADA CUCHARADA CONTIENE: 35 calorías, 0 g de proteína, 0 g de carbohidratos, 4 g de grasa total, 2 g de grasa saturada, 0 g de fibra y 4 mg de sodio.

GLASEADO DE CHOCOLATE

TIEMPO DE PREPARACIÓN: 5 MINUTOS
TIEMPO TOTAL: 10 MINUTOS + TIEMPO PARA ENFRIAR

Sirve para preparar 1¼ tazas

Usa este glaseado para galletas, cupcakes o muffins. Para una versión sin lácteos, sustituye la crema por leche de coco. Aumenta o disminuye la cantidad de crema para hacer el glaseado más espeso o más ligero.

2   **barras (100 g cada una) molidas de chocolate oscuro (85–86% cacao)**

2   **cucharadas de mantequilla**
½   **taza de crema espesa para batir**

Derrite el chocolate a baño María a fuego lento. Retira del fuego, agrega la mantequilla y mueve para que se deshaga. Incorpora la crema y mezcla hasta que esté suave y bien combinada. Deja que enfríe durante varios minutos antes de usar.

CADA CUCHARADA CONTIENE: 80 calorías, 1 g de proteína, 5 g de carbohidratos, 8 g de grasa total, 4 g de grasa saturada, 1 g de fibra y 12 mg de sodio.

GLASEADO DE VAINILLA

TIEMPO DE PREPARACIÓN: 5 MINUTOS
TIEMPO TOTAL: 5 MINUTOS + TIEMPO PARA ENFRIAR

Sirve para preparar ⅓ de taza

Este glaseado logra una textura parecida al caramelo gracias a las propiedades únicas del xilitol. En repostería, este sustituto es el que más se comporta como el azúcar.

¼ taza de crema espesa para batir

½ taza de extracto de vainilla

¼ taza de xilitol

1 cucharada de mantequilla

Pon en una olla a fuego bajo: la crema, la vainilla y el xilitol hasta que espumee, siempre revolviendo. Cuece por 1 o 2 minutos, sin dejar de mover o hasta que se formen burbujas en los bordes de la olla. Es importante evitar que se queme. Quita la mezcla del fuego. Agrega la mantequilla y revuelve hasta que tome una textura suave. Deja que enfríe para obtener la densidad deseada antes de usar.

CADA CUCHARADA CONTIENE: 20 calorías, 0 g de proteína, 0 g de carbohidratos, 2 g de grasa total, 1 g de grasa saturada, 0 g de fibra y 8 mg de sodio.

GLASEADO DE FRESA

TIEMPO DE PREPARACIÓN: 5 MINUTOS
TIEMPO TOTAL: 15 MINUTOS + TIEMPO PARA ENFRIAR

Sirve para preparar 1½ tazas

Este glaseado simple sirve como una dulce cubierta para helado o natillas, hot cakes o pay de queso.

Nota que el xilitol se usa en esta receta como endulzante por sus propiedades únicas de glaseado. Otros endulzantes, como la stevia y el eritritol, no se deben usar ya que no tendrán el efecto del glaseado.

4 tazas de fresas frescas, cortadas y sin rabo	4 cucharadas de xilitol

Tritura las fresas y el xilitol en un procesador de comida o en una licuadora hasta que se hagan puré.

Calienta ese puré de fresas en una olla mediana a fuego medio. Permite que burbujee y espumee. Reduce el fuego.

Cuece por 5 minutos, sin dejar de revolver o hasta que espese y se endulce. Ten cuidado de no dejar que la mezcla hierva o se queme. Retira del fuego y deja enfriar.

CADA CUCHARADA CONTIENE: 8 calorías, 0 g de proteína, 2 g de carbohidratos, 0 g de grasa total, 0 g de grasa saturada, 0 g de fibra y 0 mg de sodio.

CUBIERTA DE CHOCOLATE

TIEMPO DE PREPARACIÓN: 5 MINUTOS | **TIEMPO TOTAL:** 5 MINUTOS

Sirve para preparar 1¼ tazas

Aquí encontrarás una cubierta deliciosa, tan buena o mejor que cualquiera ya preparada. Guarda un poco en el refrigerador para cubrir tus Muffins rápidos de chocolate y coco (página 87).

½	taza de mantequilla a temperatura ambiente
120 g	de queso crema a temperatura ambiente
	Endulzante equivalente a ½ taza de azúcar

¼	taza de polvo de cacao sin endulzar
1	cucharada de crema espesa para batir
1	cucharadita de extracto de vainilla

En un tazón mediano mezcla con una batidora mantequilla, queso crema y endulzante hasta que se formen picos. Agrega el cacao, la crema y la vainilla y bate hasta que se haga una pasta blanda.

CADA CUCHARADA CONTIENE: 66 calorías, 1 g de proteína, 1 g de carbohidratos, 7 g de grasa total, 4 g de grasa saturada, 0 g de fibra y 59 mg de sodio.

CUBIERTA DE VAINILLA

TIEMPO DE PREPARACIÓN: 5 MINUTOS | TIEMPO TOTAL: 5 MINUTOS

Sirve para preparar 1⅓ de tazas

Esta rápida cubierta de vainilla funciona a la perfección para tartas y muffins, en especial para los Muffins rápidos de manzana con especias (página 85).

120 g de mantequilla a temperatura ambiente

120 g de queso crema a temperatura ambiente

Endulzante equivalente a ½ taza de azúcar

1 cucharada de crema espesa para batir

1 cucharadita de extracto de vainilla

En un tazón mediano mezcla con una batidora mantequilla, queso crema y endulzante hasta que se formen picos. Agrega la crema y la vainilla y bate hasta que se haga una pasta suave.

CADA CUCHARADA CONTIENE: 77 calorías, 1 g de proteína, 1 g de carbohidratos, 8 g de grasa total, 5 g de grasa saturada, 0 g de fibra y 58 mg de sodio.

DULCES DE COCO

TIEMPO DE PREPARACIÓN: 10 MINUTOS | **TIEMPO TOTAL:** 25 MINUTOS

Sirve para preparar 8 dulces

¡Estos sencillos dulces de coco requieren pocos ingredientes pero de seguro te encantarán! Como todas las meriendas y postres de este libro, puedes comer estos dulces en el desayuno o como postre ya que todos los ingredientes no saludables fueron sustituidos por ingredientes saludables.

Para hacer dulces de naranja, clavo y coco añade ¼ de cucharadita de clavo molido, la ralladura de 1 naranja y el jugo de media naranja después de añadir el endulzante a la mezcla de huevo.

- 3 claras de huevo
- ¼ cucharadita de crémor tártaro
- 2 tazas de ralladura de coco sin endulzar

Endulzante equivalente a ½ taza de azúcar (ver nota)

Precalienta el horno a 177°C. Forra una bandeja para hornear con papel vegetal.

Bate las claras de huevo y el crémor tártaro en un tazón grande a velocidad alta hasta que espesen. Agrega el coco y el endulzante a la mezcla de claras de huevo.

Separa la mezcla en ¼ de taza y forma 8 montículos en la bandeja para hornear. Hornea por 15 minutos o hasta que tomen un color dorado y una ligera textura firme. Deja que enfríen antes de servir.

Nota: Si usas un endulzante con granos grandes, como el xilitol, muélelo en un procesador de alimentos por 30 segundos para reducirlo a un polvo fino antes de usarlo en la receta.

CADA DULCE CONTIENE: 167 calorías, 3 g de proteína, 5 g de carbohidratos, 15 g de grasa total, 13 g de grasa saturada, 3 g de fibra y 27 mg de sodio.

DULCES DE MOCA

TIEMPO DE PREPARACIÓN: 5 MINUTOS | TIEMPO TOTAL: 20 MINUTOS

Sirve para preparar 20 dulces

Los dulces tradicionales que adornaron las mesas europeas por siglos reaparecen en nuestra vida sin trigo. Estos pequeños bollitos se pueden servir solos como postre, untados con crema batida, cubiertos con Glaseado de chocolate (página 214) o con natilla o helado.

2 claras de huevo	¼ taza + 2 cucharadas de polvo de cacao sin endulzar
2 tazas de ralladura de coco sin endulzar	2 cucharaditas de café instantáneo
1 taza de Harina multiusos para hornear (página 19)	¼ cucharadita de sal de mar
Endulzante equivalente a 1 taza de azúcar	½ taza de leche de coco enlatada

Precalienta el horno a 177°C. Forra dos bandejas para hornear con papel vegetal.

Bate las claras de huevo en un tazón grande a velocidad alta hasta que se formen picos. Agrega el coco, la harina, el endulzante, el cacao, los granos de café y la sal a la mezcla de claras de huevo. Incorpora la leche de coco distribuyéndola muy bien en la mezcla.

Usa una cuchara para distribuir la mezcla en montículos en las bandejas para hornear. Hornea por 15 minutos o hasta que tomen una ligera textura firme.

CADA DULCE CONTIENE: 113 calorías, 3 g de proteína, 5 g de carbohidratos, 10 g de grasa total, 16 g de grasa saturada, 3 g de fibra y 56 mg de sodio.

GALLETAS DE CREMA DE CACAHUATE

TIEMPO DE PREPARACIÓN: 10 MINUTOS
TIEMPO TOTAL: 25 MINUTOS + TIEMPO PARA ENFRIAR

Sirve para preparar 30 galletas

Sin duda todos adoran la crema de cacahuate… ¡Y también adoran las galletas de crema de cacahuate! Una buena variación, más apta para niños, se puede lograr haciendo una pequeña hendidura en el centro de cada galleta con una cuchara antes de hornear. Una vez horneadas y frías, rellena cada galleta con alguna mermelada sin azúcar, como la de ciruela.

1 taza de Harina multiusos para hornear (página 19)	2 tazas de crema de cacahuate natural a temperatura ambiente
Endulzante equivalente a ¼ taza de azúcar	1 cucharada de melaza
½ taza de cacahuates molidos	2 huevos
	1 cucharadita de extracto de vainilla

Precalienta el horno a 177°C. Forra dos bandejas para hornear con papel vegetal.

En un tazón grande combina harina, cacahuate y endulzante. Añade crema de cacahuate, melaza, huevos, vainilla y revuelve muy bien.

Usa una cuchara para hacer montículos de cerca de 4 cm de diámetro sobre las bandejas para hornear. Aplánalas un poco con tu mano o con un tenedor haciendo una cruz. Hornea por 15 minutos o hasta que tenga un color dorado y una textura firme. Deja enfriar en las bandejas por 1 minuto. Ponlas en una rejilla para que se enfríen por completo.

CADA GALLETA CONTIENE: 137 calorías, 5 g de proteína, 5 g de carbohidratos, 11 g de grasa total, 1 g de grasa saturada, 2 g de fibra y 78 mg de sodio.

BOLAS DE LIMÓN Y PIÑA

TIEMPO DE PREPARACIÓN: 5 MINUTOS
TIEMPO TOTAL: 15 MINUTOS + TIEMPO PARA ENFRIAR

Sirve para preparar 30 bolas

Esta puede ser la forma más rápida de mantener a los niños felices con una dieta sin trigo ¡en sólo 15 minutos!

La combinación tropical de limón y piña llena de vida estas bolitas.

2¼ tazas de ralladura de coco sin endulzar	240 g de queso crema a temperatura ambiente
1 lata (240 g) de piña machacada y drenada	Endulzante equivalente a 3 cucharadas de azúcar
Ralladura y jugo de 1 limón	

En un procesador de comida, tritura 2 tazas de coco para reducir el tamaño de la ralladura. Vierte en un tazón grande. Pon el ¼ de taza de ralladura de coco restante en un tazón poco profundo o en un molde para tarta.

En el tazón grande agrega piña, ralladura y jugo de limón, queso crema y endulzante. Revuelve bien.

Usa una cuchara para poner pequeños montones de pasta sobre un plato, gíralas y haz bolitas de 2½. Si la pasta se queda en tus manos humedécelas con un poco de agua. Rueda las bolitas sobre la ralladura de coco apartada, regrésalas al plato y refrigera por lo menos 30 minutos antes de servir.

CADA BOLA CONTIENE: 77 calorías, 1 g de proteína, 3 g de carbohidratos, 7 g de grasa total, 5 g de grasa saturada, 1 g de fibra y 26 mg de sodio.

BOCADOS DE NUEZ PECANA Y PIÑA

TIEMPO DE PREPARACIÓN: 15 MINUTOS
TIEMPO TOTAL: 15 MINUTOS + TIEMPO PARA ENFRIAR

Sirve para preparar 30 bocados

Estos pequeños bocados llenan más de lo que aparentan. Son lindos y divertidos, perfectos para los niños, pero también elegantes para servírselos a tus invitados.

1 taza de nueces pecana molidas

3 cucharadas de mantequilla derretida

Endulzante equivalente a ¼ taza de azúcar

1 lata (240 g) de piña machacada y drenada

240 g de queso crema a temperatura ambiente

30 mitades de pacana

Acomoda 30 minimoldes de papel en una bandeja para hornear o en un plato grande.

En un tazón mediano combina pacanas molidas, mantequilla y endulzante. Revuelve muy bien. Vierte sobre los moldes y presiona con los dedos o con una cuchara. Resérvalos.

En otro tazón mezcla la piña y el queso crema. Revuelve hasta que estén bien integrados. Vacía esta mezcla sobre la masa de pacana que ya estaba en los moldes de papel. Coloca media pacana en la cima de cada bocadillo y refrigera por al menos 30 minutos.

CADA BOCADO CONTIENE: 77 calorías, 1 g de proteína, 2 g de carbohidratos, 8 g de grasa total, 2.5 g de grasa saturada, 1 g de fibra y 34 mg de sodio.

TRUFAS DE COÑAC

TIEMPO DE PREPARACIÓN: 5 MINUTOS | TIEMPO TOTAL: 30 MINUTOS

Sirve para preparar 30 trufas

El coñac es un delicioso licor sin trigo que se lleva a la perfección con el cacao. Esta receta sencilla te dará una cremosa sorpresa que se derretirá en tu boca, manteniendo los sabores de tu coñac favorito.

180 g de chocolate sin endulzar molido

1 cucharada de melaza

Endulzante equivalente a ½ taza de azúcar

2 cucharadas de coñac

¼ taza de crema espesa para batir

¼ taza de cacao en polvo sin endulzar

....

Forra una bandeja para hornear o un plato grande con papel vegetal.

Derrite el chocolate a baño María. Añade la melaza, el endulzante, el coñac y quita la mezcla del fuego.

Mientras tanto, bate la crema a velocidad alta en un tazón grande hasta que se formen picos. Incorpora la mezcla de chocolate y revuelve hasta que todo se integre y tome una consistencia un poco firme.

Coloca el cacao en polvo en un tazón pequeño. Usa una cuchara para tomar un poco de mezcla y forma bolitas con las manos. Gira las bolitas sobre el cacao y ponlas en la bandeja o plato. Refrigera en un contenedor hermético hasta por una semana.

CADA TRUFA CONTIENE: 54 calorías, 1 g de proteína, 3 g de carbohidratos, 5 g de grasa total, 3 g de grasa saturada, 1 g de fibra y 4 mg de sodio.

FUDGE DE MACADAMIA

TIEMPO DE PREPARACIÓN: 5 MINUTOS
TIEMPO TOTAL: 15 MINUTOS + TIEMPO PARA ENFRIAR

Sirve para preparar 32 porciones

Te costará trabajo encontrar algo más lleno de azúcar que el fudge. Pero aun así, aquí está, ¡en un libro de cocina diseñado para la salud! Puedes sustituir las macadamias por frutos secos de tu elección, como pacanas o pistachos.

240 g	de chocolate molido sin endulzar	6	cucharadas de crema espesa para batir
240 g	onzas de queso crema a temperatura ambiente	1	cucharadita de extracto de vainilla
	Endulzante equivalente a 1 taza de azúcar	1	cucharadita de extracto de almendra Engrasa un molde de 20 x 20 cm.

Derrite el chocolate a baño María. Como alternativa puedes poner el chocolate en el microondas en intervalos de 15 segundos, revolviendo en cada uno de estos hasta que se derrita.

Mientras tanto, en un tazón mediano bate el queso crema y el endulzante hasta que tomen una textura cremosa. Añade la crema, el extracto de vainilla y de almendra y revuelve muy bien. Mezcla con el chocolate hasta que se incorporen en su totalidad. Agrega las nueces. Reparte la mezcla en el molde y refrigera para que tome una textura firme.

CADA PORCIÓN CONTIENE: 92 calorías, 2 g de proteína, 3 g de carbohidratos, 10 g de grasa total, 5 g de grasa saturada, 1 g de fibra y 24 mg de sodio.

TURRÓN DE NUEZ Y CHOCOLATE OSCURO

TIEMPO DE PREPARACIÓN: 5 MINUTOS
TIEMPO TOTAL: 10 MINUTOS + TIEMPO PARA ENFRIAR

Sirve para preparar 15 porciones

Esta rica receta es buena tal cual o con un poco de mantequilla de almendra.

240 g de chocolate oscuro (85% cacao) molido

1 cucharadita de aceite de coco

2 tazas de nueces mixtas (como pistaches, anacardos, almendras, nueces de Brasil, nueces, pecanas y macadamias) bien molidas

Forra un molde de 23 x 23 cm con papel vegetal o de aluminio.

Derrite el chocolate en el aceite de coco a baño María. Agrega las nueces, moviendo con suavidad para que se cubran de chocolate.

Divide la mezcla en partes iguales sobre el molde y refrigera por 30 minutos. Rompe en pedacitos.

CADA PORCIÓN CONTIENE: 170 calorías, 5 g de proteína, 8 g de carbohidratos, 16 g de grasa total, 6 g de grasa saturada, 4 g de fibra y 87 mg de sodio.

FRUTOS SECOS PICANTES

TIEMPO DE PREPARACIÓN: 5 MINUTOS | **TIEMPO TOTAL:** 15 MINUTOS

Sirve para preparar 4 tazas

Las mezclas de frutos secos compradas en las tiendas se cubren con grasas hidrogenadas ("trans") para que la sal se quede pegada a las nueces. Esto convierte un alimento perfecto para la salud en algo terrible para el organismo. Los frutos secos, tostados y con gran sabor, se pueden hacer de manera muy sencilla, sin necesidad de usar desagradables grasas transgénicas.

Yo uso los sazonadores por una cuestión de simplicidad y tiempo. Sin embargo, si quieres, se pueden sustituir fácilmente con tus propios sazonadores, como ajo en polvo, cebolla en polvo, paprika, pimienta y sal.

4 tazas de frutos secos mixtos y crudos (como almendras, nueces, pecanas, pistaches, nueces de Brasil, macadamias y avellanas; también considera las semillas crudas de calabaza o de girasol)	2 cucharadas de aceite de coco 1–2 cucharadas de Sazonador de tacos (página 57) o Sazonador cajún (página 58) ½ cucharadita de sal de mar

Precalienta el horno a 177°C.

En un tazón grande combina nueces, aceite, sazonadores y sal. Revuelve hasta que estén bien mezcladas.

Repártelas en una bandeja y mételas en el horno por 10 minutos o hasta que estén un poco tostadas y desprendan aroma.

CADA ¼ DE TAZA CONTIENE: 193 calorías, 5 g de proteína, 6 g de carbohidratos, 18 g de grasa total, 3 g de grasa saturada, 3 g de fibra y 61 mg de sodio.

ALMENDRAS TOSTADAS CON CHIPOTLE

TIEMPO DE PREPARACIÓN: 5 MINUTOS | **TIEMPO TOTAL:** 25 MINUTOS

Sirve para preparar 2 tazas

Es una mezcla de almendras para quienes en verdad disfrutan los condimentos picantes. Aquí se combinan con los sabores del chipotle, pimienta roja molida y rábano picante.

2 tazas de almendras crudas

1 cucharadita de chipotle molido

1 cucharadita de chile en polvo

½ cucharadita de pimienta roja molida (opcional)

1 cucharadita de rábano picante en polvo

1 cucharadita de mostaza en polvo

2 cucharaditas de sal de mar

2 cucharaditas de aceite de coco

2 cucharaditas de vinagre

Precalienta el horno a 135°C.

En un tazón mediano combina almendras, chipotle, chile en polvo, pimienta roja, rábano, mostaza, sal y aceite. Revuelve muy bien. Añade el vinagre.

Repártelas en una bandeja y hornea por 20 minutos revolviendo una vez o hasta que estén un poco tostadas y desprendan aroma.

CADA ¼ DE TAZA CONTIENE: 225 calorías, 8 g de proteína, 8 g de carbohidratos, 19 g de grasa total, 2 g de grasa saturada, 5 g de fibra y 394 mg de sodio.

ALMENDRAS TOSTADAS CON RÁBANO PICANTE Y SALSA DE SOYA

TIEMPO DE PREPARACIÓN: 5 MINUTOS | TIEMPO TOTAL: 25 MINUTOS

Sirve para preparar 8 porciones (2 tazas)

Es una variación casera de las almendras picantes de lata que se pueden comprar en la tienda. Cuando las haces tú mismo vienen sin trigo, maltodrextina, proteína vegetal texturizada, ni todo lo demás que tú y yo no necesitamos.

- 2 tazas de almendras crudas
- 1 cucharadita de rábano picante en polvo
- 1 cucharadita de mostaza en polvo
- 2 cucharaditas de sal de mar
- 2 cucharaditas de aceite de coco
- 2 cucharaditas de vinagre
- 2 cucharaditas de tamari sin gluten o salsa de soya

Precalienta el horno a 135°C.

En un tazón mediano combina almendras, rábano, mostaza, sal y tamari o salsa de soya. Revuelve muy bien. Agrega el vinagre.

Repártelas en una bandeja y hornea por 20 minutos, revolviendo de vez en cuando o hasta que estén un poco tostadas y desprendan aroma.

CADA ¼ DE TAZA CONTIENE: 219 calorías, 8 g de proteína, 8 g de carbohidratos, 19 g de grasa total, 2 g de grasa saturada, 5 g de fibra y 4724 mg de sodio.

PAY DE CHOCOLATE Y CREMA DE CACAHUATE

TIEMPO DE PREPARACIÓN: 5 MINUTOS | TIEMPO TOTAL: 5 MINUTOS

Sirve para preparar 1 porción

¿Extrañas el dulce? No te preocupes, estas rápidas minitartas calmarán tu antojo.

3 cucharadas de harina de almendras

1 cucharada de semillas molidas de lino dorado

2 cucharadas de cacao en polvo sin endulzar

Endulzante equivalente a 2 cucharadas de azúcar

¼ cucharadita de polvo para hornear

¼ cucharadita de sal

1 cucharada de crema de cacahuate

2 cucharadas de leche

1 cucharada de aceite de coco o mantequilla derretida

En una taza de café, ayudándote con un tenedor, revuelve harina de almendras, semillas de lino, cacao en polvo, endulzante, polvo para hornear y sal, hasta que tomen una textura suave. Mezcla crema de maní, leche y mantequilla. Incorpora esta mezcla a la de los ingredientes secos y mete en el microondas a potencia alta de 1 a 2 minutos hasta que esté bien horneado. Sírvelo con una cucharada de yogur griego o crema batida.

CADA PORCIÓN CONTIENE: 313 calorías, 9 g de proteína, 15 g de carbohidratos, 29 g de grasa total, 15 g de grasa saturada, 8 g de fibra y 423 mg de sodio.

MENÚS PARA OCASIONES ESPECIALES

AQUÍ TIENES MENÚS TEMÁTICOS que se ajustan a muchas ocasiones especiales, desde un Brunch de domingo hasta una Noche de bar o Comida china para llevar. Por supuesto que puedes usar estos menús sin que sea una ocasión especial, ¡cuando tengas antojo de una comida interesante!

Los menús completos obviamente no pueden prepararse en 30 minutos, así que tómalo en cuenta. Todos los elementos de cada menú pueden prepararse con las recetas de este libro, excepto los que están marcados con un asterisco (*).

VIERNES DE PIZZA

En las noches de Viernes de pizza lo importante es ¡la pizza y la compañía! Hay muchísimas variaciones de la combinación de carnes, vegetales y queso para las pizzas; las dos recetas que se ofrecen en este libro son puntos de partida. Como la cerveza es un acompañamiento muy popular, también enumeramos algunas cervezas inofensivas.

- Pizza de provolone, prosciutto y aceitunas kalamata (página 155) o Pizza de col rizada, cebolla y queso de cabra (página 185)

- Whoopies de pay de manzana (página 204), Whoopies de rol de canela (página 205) o Whoopies de mermelada de ciruela (página 206)

- Cerveza sin gluten (como Bard's, Gren's, Redbridge) o cervezas sin trigo pero no sin gluten para los que no son celíacos o sensibles (como Michelob Ultra o Bud Light)

CENA TEX-MEX

¡Ten un poco de salsa o pico de gallo recién hechos a la mano para una Noche mexicana picante y divertida!

- Guacamole (página 32) y Chips de pan de pita (página 27)

- Quesadillas de ternera con salsa barbacoa (página 140)

- Tortillas con chile poblano y carne (página 145) o Tortillas de chorizo y camarón (página 179)

- Taquitos de lechuga (página 144)

- Natilla de vainilla (página 211) adornada con nueces pecanas machacadas, Glaseado de chocolate (página 214) y canela

NOCHE DE BAR

Reúne a tu familia en una noche de comida divertida. Y hay buenas noticias: aunque el menú parece una lista de comida chatarra, ¡nada es chatarra!

Estas recetas transforman los antojos (de ingredientes que no son saludables) en platillos sanos y sin desventajas. ¡Disfruta tu comida y no te preocupes por ganar kilos, por la acidez o cualquiera de esas horribles preocupaciones relacionadas con el trigo!

- Frutos secos picantes (página 227) o Almendras tostadas con chipotle (página 228)

- Pollo enrollado en tocino con salsa barbacoa (página 161)

- Pan de pepperoni (página 108)

- Galletas de crema de cacahuate (página 221)

- Cerveza sin gluten (como Bard's, Gren's, Redbridge) o cervezas sin trigo pero sin gluten para los que no son celíacos o sensibles (como Michelob Ultra o Bud Light)

COMIDA CHINA PARA LLEVAR

¡No tendrás hambre al cabo de las 2 horas de comer esta comida china! Asegúrate de tener a la mano salsa de soya o tamari sin gluten y un poco de salsa de mostaza picante si lo deseas.

- Té verde

- Sopa de huevo (página 95)

- Sofrito de berenjena japonesa sobre fideos Shirataki (página 190)

- "Arroz" frito con cerdo (página 133)

- Natillas de vainilla (página 211) cubiertas con nuez moscada recién molida o seca o Cupcakes de pistache y té verde (página 200)

PICNIC VERANIEGO

Una ensalada fresca, un sándwich o wrap ligero, cupcakes, los rayos del sol… Sin acidez ni sueño al terminar de comer y sin subir de peso: ¿Hay algo mejor en esta vida?

- Ensalada de pepino, cebolla roja y tomate* con Salsa de yogur de pepino en vinagre (página 38)

- Sándwich de aguacate con jamón (página 105) o Wraps de ensalada de huevo Tex-Mex (página 113) o Wraps de pizza de pepperoni (página 116)

- Cupcakes de mandarina (página 201)

CENA ROMÁNTICA

Las cenas románticas se tratan de rica comida con matices sutiles y fragantes, no demasiado complicadas, sino preparadas con cariño y con un buen final.

Incluimos algunas sugerencias de vino y digestivos para aquellos a quienes les apetezca.

- Pollo marroquí con pimientos asados (página 156) o Bacalao con costra de parmesano (página 169) o Filete con salsa bearnesa (página 136)

- Vinos para la cena: Pinot Grigio con el pollo o el bacalao; Merlot o Cabernet Sauvignot con el filete

- Alcachofas, pancetta y col rizada con parmesano (página 121) o Portobellos rellenos de cangrejo (página 127) u Hongos marinados a la italiana (página 126)

- Sopa de tomate e hinojo (página 94) o ensalada verde con Aderezo marroquí (página 48)

- Trufas de coñac (página 224) o Minipays de doble chocolate (página 198) o Dulces de coco (página 219)

- Courvoisier u otro Coñac

NOCHE DE PELÍCULAS

¡Aquí tienes bocadillos para picar mientras ves una comedia, un drama o una historia de amor!

- Frutos secos picantes (página 227) o Almendras tostadas con rábano picante y salsa de soya (página 229)

- Turrón de nuez y chocolate oscuro (página 226)

- Sándwiches de helado (hechos entre dos Galletas de crema de cacahuate, página 221, rellenos con Natilla de vainilla, página 211,) o Donas de canela (página 196)

NOCHE ITALIANA

Quitando el pan italiano y la pasta de trigo, puedes seguir disfrutando una maravillosa variedad de comidas estilo italiano que se basan en los sabores del jitomate, orégano, albahaca, hongos portobello y vino tinto.

- Ensalada verde con mitades de queso mozarella fresco en bolitas y jitomates cherry*, con Aderezo condimentado estilo italiano (página 49)

- Albóndigas de salchicha italiana con salsa de vino tinto (página 109) servidas sobre fettuccine de shirataki

- Hongos marinados a la italiana (página 126) o Portobellos rellenos de cangrejo (página 127)

- Tarta de queso de desayuno (página 74) con Glaseado de fresa (página 216)

REUNIÓN AL ESTILO NUEVA ORLEANS

¡No tienes que esperar al Martes de Carnaval para disfrutar los maravillosos sabores de Nueva Orleans! Termina este condimentado menú con la suave frescura de las natillas de vainilla cubiertas de caramelo, acompañado de un cremoso café au lait (café con leche).

- Huevos endiablados preparados con Mayonesa condimentada estilo cajún (página 42)

- Jambalaya (página 152) o Pescado estilo cajún con salsa cremosa de camarones (página 168) o Chuletas de pollo estilo cajún (página 162)

- Col rizada estilo cajún (página 124)

- Natilla de vainilla (página 211) con pacanas y Salsa de caramelo (página 212)

- Café au lait*

NOCHE INDIA

Para una noche de aventuras con comida exótica, prueba esta mezcla de platillos indios llenos de sabor, terminando con una explosión cítrica de Bolas de limón y piña y el embriagante sabor del té chai.

Si vas a preparar más de un platillo con curry, considera distinguirlos eligiendo diferentes variedades de curry para cada uno, como curry vindaloo para los camarones y la mezcla garam masala para el arroz o los vegetales.

- "Arroz" al curry (página 132) o Verduras al curry (página 183)

- Curry de camarones estilo indio (página 180)

- Palak Paneer (página 186)

- Bolas de limón y piña (página 222)

- Té chai con leche de coco*

BRUNCH DE DOMINGO

¡Este menú va a requerir algo de trabajo! Es el tipo de festín que esperas en una gran reunión familiar. Puede que observes algo interesante: tus invitados comerán menos de lo que comerían en un brunch de domingo común porque éste no contiene estimulantes del apetito. Van a saborear tu deliciosa comida sin preocuparse por ganar peso y sin sufrir un incremento significativo en el azúcar en sangre (especialmente importante para cualquiera con diabetes) ¡Tus invitados y tú pueden simplemente comer y disfrutar!

- Wraps de salmón ahumado (página 117)

- Huevos rellenos de wasabi (página 103)

- Crema de hongos con cebollín (página 92)

- Albóndigas de salchicha italiana con salsa de vino tinto (página 109) u Hongos marinados a la italiana (página 126)

- Filete de pescado Amandine (página 170)

- Piccata de pollo (página 163) o Pollo enrollado en tocino con salsa barbacoa (página 161)

- Asado de calabacita, calabaza y jitomate (página 131)

- Muffins con streusel de manzana (página 203) o Cupcakes de limón verde (página 199) o Cupcakes de pistache y té verde (página 200) o Cupcakes de mandarina (página 201) o Muffins de especias y macadamia (página 202)

- Opcional: Champaña seca (brut o extra brut), vino espumoso o prosecco.

ALMUERZO DE INVIERNO

Si vives en un clima frío como yo, sabrás lo maravilloso que es un almuerzo caliente con comida casera en un frío día de invierno. Sin embargo, las ideas convencionales sobre la comida de antojo para consentirse implican muchos problemas de azúcar en sangre y aumento de peso. Al igual que todas mis recetas, estos alimentos pueden comerse tranquilamente, ¡sin tener esas preocupaciones!

- Sopa de almejas de Nueva Inglaterra (página 99) o Crema de hongos con cebollín (página 92)

- Wraps de hongos con vinagre balsámico (página 115) o Wraps de ensalada de huevo Tex-Mex (página 113)

- Minipays de queso de frutillas y coco (página 195)

CARNE ASADA EN EL PATIO

Comer al aire libre es uno de los placeres sencillos de la vida. En este menú, el tema es la simplicidad, para que disfrutes más el sol y el exterior, entreteniéndote menos en la cocina. Para simplificar la preparación, haz los Chips de pan de pita con anticipación o ten una provisión a la mano. El té al sol también puede prepararse desde temprano.

- Guacamole (página 32) y Chips de pan de pita (página 27)

- Costillas de cerdo* con Salsa barbacoa (página 35)

- Espárragos frescos, u otros vegetales, a la parrilla*

- Pay de chocolate y coco (página 194)

- Té helado con hojas de menta*

APÉNDICE
Fuentes de referencia sin trigo

HAY MUCHAS REFERENCIAS Y FUENTES de información disponibles para personas con enfermedad celíaca o sensibilidad al gluten. Son muy útiles para identificar fuentes ocultas de gluten, localizar restaurantes y tiendas que venden alimentos sin trigo y encontrar médicos familiarizados con las necesidades de las personas que tienen enfermedad celíaca.

Nuestros libros *Adicto al pan* y *Recetario de Adicto al pan* introducen la idea de que eliminar el trigo es para todos, no sólo para los celíacos o los sensibles al gluten. Es por eso que las referencias para un público tan amplio todavía son limitadas, aunque es muy probable que aumenten rápidamente ya que cada vez hay más personas que adopten este concepto.

Mientras tanto, en las siguientes páginas te mencionamos lugares para comprar productos, más recetas sin trigo e información adicional. También se incluyen referencias para los que tienen enfermedad celíaca o sensibilidad al gluten.

Frutos secos, nueces, semillas y harinas

Los frutos secos, nueces, semillas y harinas están tan cerca como el supermercado. Pero, es importante que te des una vuelta y compares precios ya que varían mucho (¡hasta 600 por ciento!) Lo más económico es que tú mismo muelas tu harina en un procesador de alimentos o un molinillo de café. La mayoría de los principales supermercados y tiendas de alimentos naturales venden harinas de frutos secos premolidos. Todavía es raro encontrar harina de semillas, pero es muy fácil moler tú mismo las semillas enteras, por ejemplo de sésamo, girasol, chía o calabaza.

Bob´s Red Mill es una marca distribuida en Estados Unidos que tiene harina de almendra, coco y garbanzo, también goma xantana. Todos sus productos son de muy buena calidad y casi siempre orgánicos.

Trader Joe´s es una fuente muy asequible de casi todos los frutos secos y semillas enteras que necesites. También tienen harina de almendra a un precio increíble. Whole Foods Market también vende la mayoría de los frutos secos, semillas y harinas, sólo que sus precios son más altos.

Los vendedores en línea que menciono a continuación, tienen amplias opciones de frutos secos, semillas y harinas, incluyendo las de almendra y chía.

www.nuts.com

www.ohnuts.com

www.nutstop.com

www.diamondnuts.com

www.nutsonthenet.com

www.nutiva.com

Endulzantes

Empieza buscando stevia líquida o en polvo (pura o con inulina) o Truvía en el supermercado o tienda de alimentos naturistas más cercana. Estas últimas por lo general tienen varias opciones de stevia ya que está disponible desde hace varios años como un suplemento nutricional.

El eritritol y el xilitol no siempre están disponibles en los supermercados y tiendas. Revisa las tiendas naturistas, pero lo más seguro es que lo tengas que comprar en línea. www.nuts.com vende xilitol, en Amazon encuentras varias marcas de xilitol y eritritol, incluyendo NOW, KAL y Emerald Forest.

También puedes encontrar eritritol y xilitol en:

www.wheatfreemarket.com

www.luckyvitamin.com

www.4allvitamins.com

www.iherb.com

Fruta del monje (Luo han guo):

www.wheatfreemarket.com

www.intheraw.com

Fideos Shirataki

Los supermercados o tiendas grandes de abarrotes suelen vender fideos shirataki, recuerda buscarlos en la sección de refrigerados y no en los estantes de pasta. Si no los encuentras en el súper, los puedes comprar en línea. Miracle y House Foods son dos marcas bastante buenas.

Referencias para los que padecen enfermedad celíaca

Éstas son algunas referencias adicionales para personas con enfermedad celíaca o sensibilidad al gluten que te ayudarán a identificar los alimentos que lo contienen. Algunas de estas organizaciones tienen listas de los restaurantes que sirven alimentos sin gluten. Por ejemplo, en el Grupo de Intolerancia al Gluten (Gluten Intolerance Group) puedes buscar restaurantes sin gluten por código postal o estado. El sitio web de la Fundación Enfermedad Celíaca (Celiac Disease Foundation) ofrece enlaces a las páginas web de los distintos fabricantes de alimentos sin esta proteína. La Asociación Esprúe Celíaco (Celiac Sprue Association) presenta una gran cantidad de recursos, incluyendo una línea de teléfono para miembros (la membresía de 2 años cuesta 50 dólares).

Estas organizaciones también proporcionan apoyo a los restaurantes y los fabricantes de alimentos que necesitan orientación sobre cómo crear un área de preparación de alimentos sin gluten. Por ejemplo, la Fundación Nacional para el Conocimiento Celíaco (NFCA) ofrece un programa de entrenamiento para servir alimentos.

Estas organizaciones se mantienen gracias a la venta de productos y las donaciones. Pero debes tener cuidado, como la mayoría de sus ingresos viene de los fabricantes de alimentos sin gluten, tienden a recomendar estos productos (los cuales es mejor evitar por completo). Sin embargo, podemos utilizar la información que proveen como un punto de partida útil para saber más sobre la enfermedad celíaca y la sensibilidad a esta proteína.

CeliacCorner
www.celiaccorner.com

Fundación Enfermedad Celíaca (Celiac Disease Foundation)
www.celiac.org

La Asociación Esprúe Celíaco (Celiac Sprue Association)
www.csaceliacs.info

Grupo de Intolerancia al Gluten (Gluten Intolerance Group)
www.gluten.net

Fundación Nacional para el Conocimiento Celíaco (NFCA)
www.celiaccentral.org

Medicamentos y suplementos alimenticios sin gluten

El doctor Steve Plogsted dirige un sitio web (www.glutenfreedrugs.com) que sirve para investigar el contenido de gluten en los medicamentos recetados.

En cuanto a los suplementos alimenticios, siempre revisa la etiqueta. Algunos dicen "sin gluten" pero de todos modos fíjate que no contengan algún otro componente indeseable como la lactosa.

Recetas adicionales

Los libros de cocina con dietas "paleo" y comidas bajas en carbohidratos tienen muchos platillos iguales o parecidos a los de este recetario. Sus recetas son sin trigo y se centran en los ingredientes reales.

Sólo pon atención: Algunas de las recetas de esos libros usan endulzantes no saludables (como el jarabe de maple, miel y agave) o confían demasiado en almidones "seguros" como las papas y el arroz. Estas fuentes de carbohidratos son más seguras que el trigo y azúcar, pero no son más sanas que éstos cuando se consumen en cantidades grandes (más de una porción de media taza).

Del mismo modo, hay que tener cuidado con los libros de cocina sin gluten ya que a veces utilizan remplazos no saludables, como harina de arroz, fécula de maíz, almidón de papa, almidón de tapioca o harinas sin gluten premezcladas. Mi consejo es que nunca utilices estos productos. Evita las recetas que los contienen y selecciona sólo las que no usan estas harinas sin gluten.

Sitios Web

Carolyn Ketchum, un ama de casa que se convirtió en escritora de recetas sin trigo y sin gluten ofrece maravillosas recetas bajas en carbohidratos, acompañadas por excelentes fotografías.
www.alldayidreamaboutfood.com

En el sitio web/blog de Elana Amsterdam encontrarás hermosas y creativas recetas, la mayoría con harina de almendra. También están en su libro de cocina, el cual aparece en la siguiente sección.
www.elanaspantry.com

La bloguera Michelle estudió arte culinario formalmente y ofrece grandiosas recetas sin trigo, gluten, maíz.
www.glutenfreefix.com

La nutrióloga María Emmerich ¡es la campeona en el mundo sin trigo y de los carbohidratos limitados! Es de las pocas especialistas en nutrición que realmente entienden estos importantes conceptos de salud. Además, la fotografía de su web es hermosa. En la sección de libros encontrarás su excelente recetario.

www.mariahealth.blogspot.com

Libros

The Art of Healthy Eating: Kids and *The Art of Healthy Eating: Sweets* por Maria Emmerich (CreateSpace, 2011)

Eat Like a Dinosaur: Recipe and Guidebook for Gluten-Free Kids por The Paleo Parents (Victory Belt Publishing, 2012)

Everyday Paleo por Sarah Fragoso (Victory Belt Publishing, 2011)

500 Paleo Recipes por Dana Carpender (Fair Winds Press, 2012)

The G-Free Diet: A Gluten-Free Survival Guide por Elisabeth Hasselbeck (Center Street, 2011)

Gather: The Art of Paleo Entertaining por Hayley Mason and Bill Staley (Victory Belt Publishing, 2013)

The Gluten-Free Almond Flour Cookbook por Elana Amsterdam (Celestial Arts, 2009)

The Gluten-Free Asian Kitchen por Laura B. Russell (Celestial Arts, 2011)

The Gluten-Free Bible: The Thoroughly Indispensable Guide to Negotiating Life without Wheat por Jax Peters Lowell (Holt Paperbacks, 2005)

The Gluten-Free Edge: Get Skinny the Gluten-Free Way! por Gini Warner and Chef Ross Harris (Adams Media, 2011)

Grain-Free Gourmet por Jodi Bager and Jenny Lass (Whitecap Books Ltd., 2010)

The Healthy Gluten-Free Life por Tammy Credicott (Victory Belt Publishing, 2012)

Make It Paleo por Bill Staley and Hayley Mason (Victory Belt Publishing, 2011)

Nutritious and Delicious por Maria Emmerich (Self, 2012)

1001 Low-Carb Recipes por Dana Carpender (Fair Winds Press, 2010)

Paleo Comfort Foods por Julie and Charles Mayfield (Victory Belt Publishing, 2011)

Paleo Cooking from Elana's Pantry por Elana Amsterdam (Ten Speed Press, 2013)

Practical Paleo por Diane Sanfilippo (Victory Belt Publishing, 2012)

The Primal Blueprint Cookbook por Mark Sisson and Jennifer Meier (Primal Nutrition, 2010)

Más referencias sobre *Adicto al pan*

DAVIS, William (2011). *Adicto al pan.* Aguilar, 2014

Este es el libro original donde se explican en detalle las razones por las que los seres humanos no debemos consumir el trigo moderno.

El blog, la página de Facebook y el canal de YouTube de *Adicto al pan* proporcionan discusiones sobre muchos temas relacionados con el trigo y la vida sin él, así como historias reales de personas que han incorporado este estilo de vida. En estas páginas también publico recetas nuevas.

En el blog se archivan muchos artículos, podcasts y entrevistas de televisión.
www.wheatbellyblog.com
www.youtube.com/user/wheatbelly

Wheat-Free Research and Education Foundation

Colaboro con esta organización que en el futuro financiará la investigación, proporcionará educación y ayudará a informar al público sobre los peligros de consumir trigo y los beneficios para la salud cuando lo eliminamos de nuestras vidas.
http://www.wheat-free.org/

ÍNDICE ALFABÉTICO

Las palabras <u>subrayadas</u> indican que el texto se encuentra dentro de un cuadro.

Adicto al pan, de William Davis
se terminó de imprimir en mayo de 2015
en los talleres de Litográfica Ingramex, S.A. de C.V.
Centeno 162-1, Col. Granjas Esmeralda,
C.P. 09810, México, D.F.

31901056682596